Les es
dirigée par D. Frison

LES MOUVEMENTS FÉMINISTES AMÉRICAINS

Claudette Fillard
Professeur à l'université Lumière-Lyon 2

Colette Collomb-Boureau
Maître de conférences à l'université Lumière-Lyon 2

ellipses

Dans la même collection

- *La politique étrangère des États-Unis depuis 1945*, M. Allner et L. Portis
- *Le mouvement féministe anglais d'hier à aujourd'hui*, F. Barret-Ducrocq
- *La Constitution américaine et les institutions*, J.-E. Branaa
- *Histoire des Arts en Grande-Bretagne*, L. Bury
- *La royauté anglaise au XXᵉ siècle*, H. Catsiapis
- *L'Écosse contemporaine*, Ch. Civardi
- *La propagande au Royaume-Uni. De la Renaissance à l'Internet*, R. Dickason et X. Cervantes (coord.)
- *Les mouvements féministes américains*, Cl. Fillard et C. Collomb-Boureau
- *Les gangsters et la société américaine (1920-1960)*, A. Foucrier
- *Histoire constitutionnelle de la Grande-Bretagne*, D. Frison
- *Libéralisme et citoyenneté aux États-Unis (XXᵉ siècle)*, N. Gachon
- *L'esclavage aux États-Unis. Du déracinement à l'identité*, A. Garrait-Bourrier
- *Les Indiens aux États-Unis : renaissance d'une culture*, A. Garrait-Bourrier
- *Télévision et société aux États-Unis*, B. Gauthier
- *Censure et libertés au Royaume-Uni*, B. Gensane
- *La société britannique à travers la presse populaire*, R. Glaser
- *Le capitalisme américain. Évolution et grandes figures*, A. Hage
- *Censure et libertés aux États-Unis*, A. Hage
- *Les élections présidentielles américaines*, A. Hage
- *Le système judiciaire américain et ses problèmes*, A. Hage
- *La Grande-Bretagne et l'Europe depuis 1945*, T. Harris
- *La question irlandaise*, nouvelle édition, W. Hutchinson
- *L'Ouest américain. Réalités et mythes*, P. Lagayette
- *Les minorités ethniques en Grande-Bretagne*, D. Lassalle
- *L'éducation au Royaume-Uni*, V. Lelaidier
- *Les minorités ethniques aux États-Unis*, Cl. Lévy
- *L'immigration aux États-Unis*, A. Mariage-Strauss
- *L'Angleterre au XXᵉ siècle*, François-Ch. Mougel
- *De l'Empire britannique au Commonwealth des Nations*, M. Naumann
- *Économie et conflit en Irande du Nord*, V. Peyronel
- *Le Sud américain. Histoire, mythe et réalité*, E. de Planchard de Cussac
- *New York. Construction historique d'une métropole*, C. Pouzoulet
- *L'Amérique contestataire des années 60*, F. Robert
- *La démocratie américaine au XXᵉ siècle*, J. Soppelsa
- *Les États-Unis d'aujourd'hui en QCM*, Ch. Soulas
- *La Grande-Bretagne contemporaine en QCM*, R. M. Spittal
- *État et protection sociale aux États-Unis*, É. Thévenard
- *Les relations entre les États-Unis et la Grande-Bretagne depuis 1945*, P. Vaiss

ISBN 2-7298-1307-1

TABLE DES MATIÈRES

Deuxième partie

INTRODUCTION

Le mot « féminisme » venait tout juste de faire son apparition aux États-Unis quand, en février 1914, une affiche annonçant la « première réunion féministe de masse » exhiba ce titre en forme de devinette : « *What is Feminism ? Come and Find Out...*[1] » Cette invitation posait une question qui continue de résonner comme un défi.

Écrire l'histoire des mouvements féministes américains, c'est aussi donner un droit d'entrée aux femmes dans l'Histoire. C'est ce qu'ont fait, dès le milieu du XIXe siècle, les premières militantes américaines des droits de la femme en archivant minutieusement les récits de leurs expériences et de leur lutte. Cette « première vague » féministe, à une époque où le mot « féminisme » n'existait pas encore, a concentré son action sur l'obtention des droits politiques des femmes et contribué à l'élargissement de la démocratie avec l'avènement du premier suffrage véritablement universel en 1920. Elle avait conféré aux femmes une visibilité quelles n'avaient jamais eue. La nation, désormais, devait les prendre en compte.

Il est indéniable que les féministes américaines avaient alors été des pionniers. Entre les années vingt et soixante-dix, il sembla que la voix des féministes s'était affaiblie. Ce fut pour une part la réflexion nouvelle d'une intellectuelle française, Simone de Beauvoir, qui relança, chez les intellectuelles, le débat. *Le Deuxième Sexe*, publié en France en 1948, fut traduit aux États-Unis en 1953. « On ne naît pas femme, on le devient » : cette phrase-clé fut jugée, à l'époque, subversive ; elle était éclairante. L'impact de la formule allait contribuer notamment à l'élaboration de la notion de genre — masculin ou féminin — comme construction sociale et culturelle.

1. Document produit par Nancy Cott, *The Grounding of Modern Feminism*, New Haven : Yale U.P., 1987, p. 12.

Dans les années 1970, au moment où une nouvelle vague féministe déferlait, de plus en plus d'historiennes consacrèrent leurs travaux aux femmes dans l'Histoire américaine. Cette deuxième vague revendiqua l'égalité sexuelle en matière d'économie, d'emploi, d'accès à l'éducation supérieure, et de droits à maîtriser sexualité et maternité. L'arrivée au pouvoir, en 1980, des conservateurs Républicains, porta atteinte à l'élan des mouvements féministes. Certains acquis furent remis en cause. On tenta à nouveau de cantonner les femmes dans un rôle de figuration sur la scène politique, historique et idéologique.

La première partie de ce livre ne se contente pas de retracer les péripéties historiques du mouvement féministe aux États-Unis. Elle vise aussi à dissiper les malentendus et préjugés qui, faute d'information, ne cessent de s'attacher à la simple idée de « féminisme américain ». Sans doute parce que cette idée n'est pas simple, justement : ce n'est pas d'un féminisme qu'il faudrait parler mais de féminismes. Les féministes américaines, par la diversité de leurs préoccupations, ont exploré toutes les formes de la condition féminine, ont dénoncé le sexisme et l'exploitation de la femme, et inventé des solutions pour tenter d'y remédier. La deuxième partie de cet ouvrage met en évidence les trois axes majeurs de la théorisation et de l'action féministes (le biologique, l'économique et le politique). On essaiera, pour finir, de comprendre les directions nouvelles dans lesquelles désormais s'engagent aujourd'hui, en ce début du XXIe siècle, les mouvements féministes américains, confrontés à des enjeux à la fois nationaux et internationaux.

Première partie

Chapitre 1

AUX ORIGINES DU FÉMINISME AMÉRICAIN

1. Le « bon vieux temps » des colonies

Comme dans les colonies les hommes étaient trois fois plus nombreux qu'elles, l'immigration des femmes fut encouragée par le biais d'annonces publicitaires ou de moyens moins conventionnels. Ainsi en 1619 un navire débarqua son chargement de femmes en Virginie. La même année, dans la même colonie, à Jamestown, arrivaient les premiers esclaves noirs venus d'Afrique. Étrange coïncidence ! Les femmes étaient recherchées à des fins de procréation, ainsi que pour l'influence civilisatrice qu'elles exerçaient sur les hommes seuls qui menaient dans les espaces sauvages (« *wilderness* ») qu'il s'agissait de cultiver, une vie qu'il convenait de « domestiquer ».

Tant que les colonies restèrent relativement sous-développées, les femmes jouirent d'une certaine indépendance. Aux travaux des champs s'ajoutait la possibilité d'exercer une activité à l'extérieur. En vertu de l'éthique puritaine qui faisait de l'oisiveté un péché, travailler était pour elles un devoir civique et religieux. Les plus douées purent ainsi développer de véritables compétences professionnelles comme orfèvres, tapissières, aubergistes, gardiennes de prison, journalistes, sages-femmes, infirmières, enseignantes, et dans bien d'autres domaines d'où elles allaient être ultérieurement exclues. Les femmes de l'époque coloniale furent souvent remarquables d'intelligence, d'énergie, de vigueur, de résistance. Elles donnèrent d'elles-mêmes une image vers laquelle les femmes des générations futures allaient se tourner avec respect et nostalgie.

Mais il convient de nuancer ce tableau. Longtemps les historiens ont véhiculé une image idéalisante et globalisante de la Frontière. On sait maintenant que seuls les hommes pouvaient trouver dans les horizons qui s'ouvraient à eux une compensation à leurs efforts, là où les femmes ne connaissaient que l'épuisement d'une vie de labeur incessant. En outre, même requises par le Nouveau Monde, et incitées à entreprendre la traversée, les femmes sont restées très longtemps les oubliées de l'histoire américaine, plus présentes dans les illustrations que dans les textes. Ce n'est qu'à la fin de l'année 1999, au terme de trois cent dix-neuf ans d'amnésie, qu'on changea en Angleterre la plaque commémorative du départ des Pères Pèlerins pour ajouter au nom des hommes adultes celui des femmes et des enfants.

Les femmes qui ne se mariaient pas inspiraient de la pitié, et celles qui se mariaient perdaient tous leurs droits. La position sociale des femmes dépendait de celle de leur mari ou de leur père. Les activités exercées à l'extérieur du foyer ne visaient qu'à l'amélioration de l'ordinaire, ou à la poursuite de l'œuvre du mari en cas de veuvage. En bref, la latitude relative laissée aux femmes des colonies l'était par nécessité, et non en vertu d'une idéologie visant à leur épanouissement.

Les Pères Pèlerins, et les colons en général, apportèrent dans leurs bagages un arsenal de préjugés qui tous témoignaient de l'infériorité de la femme. L'**innéisme** (*« innatism »)*, ensemble de théories non contestées jusqu'au lendemain de la Révolution américaine, consistait à affirmer que la femme était par nature inférieure de corps, d'esprit, de tempérament, et donc vouée à une soumission justifiée par tout un argumentaire.

Selon l'argument « médiéval », qui persista jusqu'en 1850, les maladies de la femme résultaient d'une agitation prolongée du système nerveux, engendrée notamment par l'excitation politique ou les plaisirs illicites. Il lui fallait donc éviter les activités stressantes en dehors du foyer, et les études prolongées étaient proscrites en vertu d'un principe selon lequel le volume de son cerveau était inversement proportionnel à celui de son utérus. Selon les médecins, la fragilité de son système nerveux la prédisposait aux désordres psychiques et aux maladies mentales. Elle avait besoin du calme que seule la douceur du foyer pouvait lui procurer.

L'argument biblique rappelait que la femme était née de l'homme et pour l'homme. Une interprétation littérale de l'Ancien comme du Nouveau Testament, démontrait que la femme devait se soumettre, qu'elle était une création de l'après-coup (« *after-image* »), cadeau de Dieu à l'homme sans qui et en dehors de qui elle n'aurait aucun sens[1].

Ève reçut le nom de « La Vivante », mère de tout être vivant[2]. Pour qu'elle puisse accomplir sa mission maternelle, le Tout-Puissant dota la femme de vertus comme la modestie, la douceur, la compassion, ce qui ne l'empêchait pas d'être dans le même temps créature de péché, tentatrice, responsable de la chute d'Adam. Nouvelle Pandore, elle avait lâché le diable dans le monde, preuve s'il en était du pouvoir maléfique de la femme, selon un processus bien connu de démonisation de l'Autre. Les Dissidents qui avaient rompu avec l'Église d'Angleterre s'accordèrent néanmoins avec elle pour dénoncer les limites de l'esprit et du corps des femmes, signes d'une juste punition divine. Rien d'injuste donc dans le sort réservé à Anne Hutchinson, chassée du Massachusetts en 1635 pour avoir tenu chez elle des séances de prière où elle se permettait de commenter les sermons des pasteurs puritains. Rien de scandaleux dans la joie éprouvée par certains quand elle fut massacrée par des Indiens. Rien d'étonnant non plus si l'hystérie collective qui s'empara de Salem (Massachusetts) en 1692 eut pour cible plus de « sorcières » que de « sorciers ».

Très logiquement, les différents groupes religieux (à l'exception des Quakers) interdirent aux femmes de prêcher et même de prendre la parole, qu'il s'agisse de vie publique ou de vie religieuse dans un environnement théocratique où leur relation symbiotique ne fit que se renforcer. On s'en remettait à ce précepte énoncé par Paul : « *I suffer not a woman to teach, nor to usurp authority over the man, but to be in silence.*[3] »

L'argument « scientifique » était tout aussi contraignant. On accepta jusqu'au lendemain de la Révolution la théorie de la Grande

1. De la Genèse on évoquait souvent par exemple l'épisode de la côte d'Adam (2 : 22-23), ou le verset 16 du chapitre 3 : « *Unto the woman he said... thy desire shall be to thy husband and he shall rule over thee* ». De la première épître de Paul aux Corinthiens on retenait surtout : « *For the man is not of the woman ; but the woman of the man. Neither was the man created for the woman ; but the woman for the man* » (11 : 8-9).
2. Genèse (3 : 20).
3. Première épître à Timothée (2 : 12).

Chaîne des Êtres (« *Great Chain of Being Theory* ») développée au même moment en Europe. Selon cette théorie, un même principe de vie unissait Dieu aux plus petites substances animées, selon un ordre prescrit. Il était plusieurs ordres d'anges entre Dieu et les êtres humains dont la forme la plus accomplie était l'homme Caucasien. Au bas de l'échelle, on trouvait le Nègre, puis le Hottentot. La femme, elle, occupait une place intermédiaire entre l'homme et le singe. Comme la plus haute espèce de singe était l'orang-outan, la femme se trouvait donc placée entre le Hottentot et l'orang-outan.

Dans ce bric-à-brac de religion et de pseudo-science, on rouvrit même parfois le débat sur la question de savoir si la femme avait une âme. Ainsi un auteur partant du postulat selon lequel la femme était faite uniquement pour la procréation, fonction absente au Paradis, et d'un autre postulat selon lequel n'y accédaient que ceux qui avaient une âme, concluait très logiquement que la femme n'avait pas besoin d'âme puisque là-haut elle n'eût été d'aucune utilité. De son côté, un ecclésiastique fit remarquer le plus sérieusement du monde que l'Apocalypse prédit une demi-heure de silence dans le ciel, prophétie réalisable seulement si la femme, connue pour ses vains bavardages, en était absente.

La théorie de la Grande Chaîne des Êtres allait être mise à mal par la parution en 1859 de *L'Origine des Espèces* de Charles Darwin, puis de *The Descent of Man and Selection in Relation to Sex* en 1871. L'évolution décrite, liée aux modifications de l'environnement, tendait cependant à produire des individus supérieurs. Elle était en outre plus rapide et plus poussée pour le mâle que pour la femelle. On était donc loin d'une vision égalitaire de l'humanité.

L'argument légal reposait sur le droit hérité d'Angleterre (« *common law* ») qui rendait la situation juridique de la femme très proche de celle de l'esclave malgré des conditions de vie plus favorables. La femme mariée était « couverte » par son mari, selon le principe de « *coverture* » qui s'appliquait à la *feme covert* qu'elle devenait alors. Seules les femmes célibataires âgées de plus de vingt et un ans, ou les veuves, avaient le statut de *feme sole* qui les autorisait à passer des contrats et à posséder des biens en leur nom propre.

On trouvait les grandes lignes de cet héritage dans les *Commentaries on the Laws of England* (1765-69) de William Blackstone, juriste anglais qui devint l'autorité incontestée en Amérique. Selon lui, mari et femme étaient une seule et même personne aux yeux de la loi. Mais cette unité se réalisait à travers la personne du mari uniquement. La femme, placée sous sa protection, perdait toute existence séparée. Le mariage marquait sa mort civile :

- le mari devenait propriétaire des biens de sa femme, effets personnels et vêtements inclus ;
- il devait subvenir aux besoins de son épouse, et devait payer les dettes contractées par elle ;
- la femme ne pouvait ester en justice, ni faire l'objet de poursuites judiciaires sans que son mari devienne défendeur ;
- si elle subissait un dommage, corporel ou matériel, elle ne pouvait prétendre à aucune réparation légale sans le consentement de son mari ;
- le mari était autorisé à administrer à son épouse, le cas échéant, « *a modest correction* » pour lui apprendre à bien se tenir ou pour l'obliger à s'acquitter des tâches ménagères.

Blackstone affirmait, bien sûr, que de tels principes étaient conçus dans l'intérêt de la femme dont ils garantissaient la protection. Mais tant de sollicitude la rapprochait des bébés, des enfants, des malades mentaux, tous « incapables » juridiquement.

Les règles et préceptes qui découlaient de la croyance en l'infériorité de la femme se trouvaient donc inscrits dans les lois et les institutions américaines.

2. La Révolution américaine : Filles de la Liberté et mères de la République

La fièvre qui s'empara de l'Amérique dès les années 1760 gagna les femmes, certaines fidèles à la couronne britannique, d'autres clamant qu'elles étaient « nées pour la liberté. » Dans leurs lettres et journaux intimes commençaient à poindre des remarques politiques, souvent colorées du sentiment de l'irrésistible transgression d'un interdit. Ainsi s'exprimait Sarah Jay, dans une lettre à sa famille :

« I've transgress'd the line that I proposed to observe in my correspondence by slipping into politicks, but my country and my friends possess so entirely my thoughts that you must not wonder if my pen runs beyond the dictates of prudence ».

Comme l'écrivait une autre femme :

« Tho a female, I was born a patriot and cant help it if I would.[1] »

Les activités des femmes se politisaient, jusque dans leurs achats quotidiens. **Les Filles de la Liberté**, homologues des Fils de la Liberté dirigés par Samuel Adams, unirent pour la première fois les femmes en vue d'un objectif commun. Aux actions de sabotage et de violence, elles préféraient l'organisation de boycotts des produits lourdement taxés par les lois de finance de Georges Grenville et du Parlement britannique. Il en résulta de nouveaux styles vestimentaires : des vêtements fabriqués à la maison par les femmes patriotes étaient portés par toutes les classes en toutes occasions. Des « *spinning bees* », véritables tournois où rivalisaient les fileuses, constituaient autant d'actes patriotiques. Devenues « citoyennes tricoteuses », les dames de la haute société se mirent à confectionner des chaussettes pour leurs domestiques[2].

Les femmes formèrent des « *anti-tea leagues* » et refusèrent d'acheter et de boire « *the pestilent British herb* », point focal de la résistance américaine. Elles se mirent à préparer des concoctions de feuilles et d'herbes séchées, piètres ersatz qui auraient, dit-on, persuadé les Américains de boire plutôt du café. Elles se permirent parfois de donner des leçons de civisme aux Fils de la Liberté à qui elles adressèrent ce poème de 1768 :

Let the Daugters of Liberty, nobly arise,
And tho' we've no Voice, but a negative here,
The use of the Taxables, let us forbear.
Stand firmly resolved and bid Grenville to see
That rather than Freedom, we'll part with our Tea.[3]

1. Exemples cités par Sara Evans, *Born for Liberty*, New York : Free Press, 1989, p. 48.
2. Emprunt à Dominique Godineau, *Citoyennes tricoteuses, les femmes du peuple à Paris pendant la Révolution française*, Aix-en-Provence : Alinéa, 1988, p. 169. Cité par Geneviève Fraisse, *La Muse de la Raison*, Paris : Gallimard, 1995, p. 228.
3. Cité par Sara Evans, *op. cit.*, p. 49.

Avec les premiers combats de la **Guerre d'Indépendance**, la question de savoir si le rôle des femmes était différent de celui des hommes perdit de sa pertinence. En 1776, moins de la moitié des Américains étaient favorables à l'indépendance. Les efforts des femmes étaient donc indispensables aux Patriotes, et elles participèrent efficacement à l'effort de guerre.

Ainsi en 1780 des femmes de Philadelphie proposèrent de créer une organisation nationale pour collecter de l'argent pour les soldats, idée reprise dans le New Jersey, le Maryland, et la Virginie. Prudent, George Washington refusa que l'argent fût versé directement aux combattants. Les femmes décidèrent alors d'acheter du tissu pour coudre des chemises sur lesquelles elles brodaient leur nom, marque symbolique de leur soutien. Quelque 20 000 femmes marchèrent aux côtés des troupes britanniques ou américaines, comme cuisinières, infirmières, médecins, blanchisseuses, guides, couturières, porteuses, bénévoles ou rémunérées. Souvent elles accompagnaient leur mari, faute de savoir où aller. Mais certaines, affublées d'uniformes masculins, participèrent aux combats. La plus célèbre, Deborah Sampson, s'engagea dans l'armée continentale pendant deux ans, avant d'être démasquée lors d'une hospitalisation à Philadelphie. Une loi du Congrès de 1805 valut à son mari une pension de veuf de guerre. Quelques-unes quittèrent avec tristesse un uniforme dans lequel elles se sentaient en sécurité, à l'abri des insultes et des importuns, libres de parcourir le vaste monde.

Mais surtout, notamment à l'Ouest, les femmes devinrent les gardiennes de leurs maisons et des domaines colonisés. Moins spectaculaire, ce rôle fut sans doute le plus décisif. Elles plantaient, récoltaient, fabriquaient les produits nécessaires à l'armée et à la population civile, elles se livraient au commerce, et recoururent au troc quand l'inflation ôta toute valeur à la monnaie américaine. Grâce à elles, l'économie de la nouvelle nation survécut aux sept années de conflit.

Cependant aucune femme ne participa au Congrès Continental, ni aux congrès d'États réunis pour débattre de la détérioration des relations avec la mère-patrie. Les Pères Fondateurs reconnaissaient l'importance de l'agitation entretenue par les Filles de la Liberté et l'utilité de l'action des femmes. Mais, dignes héritiers de Locke et douillettement installés dans le système patriarcal de leur époque, ils déclinaient les droits de l'homme au masculin. Pour eux les femmes, incapables de jugement rationnel, ne pouvaient prendre part aux décisions. La plupart des Patriotes, hommes ou femmes, ne furent guère sensibles à la contradiction qui consistait à refuser à la femme la liberté politique que tous exigeaient de la couronne britannique. Les femmes elles-mêmes semblaient accepter la division du travail politique selon laquelle elles avaient pris part à la lutte pour la liberté alors que seuls les hommes en récoltaient les fruits.

Cependant, certaines femmes blanches des classes les plus favorisées commencèrent à poser quelques questions fondamentales : si elles n'en étaient pas citoyennes, quels pouvaient bien être leurs liens avec la nouvelle République ?

Mercy Otis Warren (1728-1814) fut l'une des premières à ne pas se résigner[1]. Poète, dramaturge, historienne, elle fut l'intellectuelle la plus respectée de l'époque révolutionnaire. Femme aimante et mère de cinq fils, elle n'en fut pas moins l'auteure d'écrits politiques largement diffusés, lus et débattus. Favorable aux positions des Américains les plus radicaux, elle parla d'indépendance avant même que le Congrès Continental en adoptât l'idée. Les hommes politiques de l'époque l'admiraient. Mais personne (même pas elle) n'était choqué par le fait que pour être lue et prise au sérieux elle dût publier ses ouvrages sous un pseudonyme masculin.

Une voix plus véhémente s'éleva en la personne d'**Abigail Adams (1744-1818),** exemple même de ces femmes qui portèrent à bout de bras la vie économique du pays. Dix années durant, avant, pendant et après la guerre, elle resta seule avec quatre enfants pour s'occuper de la ferme de Braintree dans le Massachusetts : John Adams, son époux, conduisait, lui, les affaires de l'État, aux États-Unis comme à l'étranger. Excellente femme d'affaires, elle apprit vite à se débrouiller sans l'aide des hommes tout en s'indignant des injustices dont les femmes étaient victimes. Elle écrivit des centaines de lettres à son mari, lettres publiées par son petit-fils Charles-Francis, père de Henry Adams, sous le titre révélateur de *The Letters of Abigail Adams, the Wife of John Adams.* John Adams remarquait volontiers qu'elle

1. Son frère, James Otis, avait lancé le slogan « *No Taxation Without Representation* » lors du Stamp Act Congress réuni à New York en 1765.

avait toutes les qualités d'un grand homme d'État. Mais Abigail n'était pas de nature à se contenter de tels compliments. Ainsi, dans une lettre du 31 mars 1776, où elle lança le désormais célèbre « *Remember the Ladies* », elle rappela à John Adams, non sans audace, que tous les maris ont vocation à devenir des tyrans si on les laisse faire, et en écho à un discours tenu par les révolutionnaires depuis les années 1760 elle écrivit : « *we are determined to foment a Rebelion (sic), and will not hold ourselves bound by any Laws in which we have no voice, or Representation.* » Elle fut très déçue par la réponse cinglante de son mari, stupéfait de découvrir qu'une autre « tribu » se mêlait au chœur des mécontents. Dans ce courrier du 14 avril 1776, John affirmait que l'homme n'avait de « maître » que le nom, qu'il était en réalité le sujet de sa femme, et qu'en tout état de cause il n'était pas question pour lui et ses semblables de se soumettre au « despotisme du jupon ». Pionnière d'une forme de protestation qui n'allait devenir celle des femmes qu'un demi-siècle plus tard, Abigail espérait que Mercy Otis Warren l'appuierait dans son projet d'envoyer une pétition au Congrès, mais n'obtint pas de son amie le soutien espéré. Abigail se trouva alors bien seule dans sa conviction que les hommes faisaient un mauvais usage de leur pouvoir en refusant de reconnaître l'égalité politique des femmes.

En revanche, elle partageait avec maintes autres femmes le regret de n'avoir pas reçu de véritable éducation formelle, et le pseudonyme de Portia, qu'elle utilisait parfois, résumait ses rêves et sa frustration. En 1750, 90 % des hommes blancs des colonies savaient lire et écrire, alors que 40 % des femmes seulement en étaient capables. Au lendemain de la guerre d'indépendance, l'éducation des femmes restait un problème majeur, souligné par **Judith Sargent Murray**. Dans son article « *On the Equality of the Sexes* », publié en 1790, elle en fit même le seul véritable obstacle à leur égalité. En réponse à l'idée de la supériorité intellectuelle de l'homme, elle vanta les qualités d'imagination, de jugement, de mémoire, de raison, de la femme à qui manquait seulement l'accès à une éducation digne de ce nom. Elle célébra le péché d'Ève comme le plus admirable de tous, puisqu'il lui avait été inspiré par sa soif de connaissance. Par contre, selon elle, Adam « *was influenced by no other motive than a bare pusillanimous attachment to a woman* ». Avec

Benjamin Rush, médecin signataire de la Déclaration d'Indépendance, elle donna l'impulsion à un mouvement en faveur de l'éducation des filles. Au tournant du siècle, on vit apparaître des « *female seminaries* » fondés par des femmes et dispensant aux jeunes filles un enseignement plus proche de celui que recevaient les garçons, avec quelques « omissions », comme celle des langues anciennes.

Mais cette évolution était au service d'une nécessaire formation des **Mères de la République** dont le premier devoir était d'élever des fils capables de devenir des citoyens vertueux. Selon les termes de Benjamin Rush lui-même : « *our ladies should be qualified to a certain degree by a peculiar and equitable education, to concur in instructing their sons in the principles of liberty and government.*[1] »

On faisait fond sur la politisation des femmes, inévitable pendant la période révolutionnaire, tout en appliquant leur conscience politique nouvelle-née à une mission qui s'exerçait à l'intérieur du foyer familial. Au nom de la maternité républicaine (« ***Republican Motherhood*** »), on conciliait les inconciliables, et on croyait avoir surmonté les contradictions.

3. Devoir de se taire et droit de dire

Les griefs énoncés par Abigail Adams l'étaient à juste titre, et la virulence narquoise de John dans sa réponse était symptomatique. Néanmoins l'idée de l'égalité des femmes fit son chemin pendant et après la Révolution. Elle inspira à Thomas Paine (tout comme à Condorcet en France) quelques propos audacieux. Mais l'influence la plus décisive fut celle de la Britannique **Mary Wollstonecraft.**

En réaction immédiate à la critique de la Révolution française par Edmund Burke dans ses *Reflections on the Revolution in France,* Mary Wollstonecraft publia en 1790 *A Vindication of the Rights of Man,* dont le succès l'encouragea à récidiver. En 1792 parut en Grande-Bretagne *A Vindication of the Rights of Woman* qui devint au XIXe siècle la Bible du féminisme américain.

Premier écrivain politique à mettre en lumière le lien logique entre les valeurs libertaires américaines et les droits des femmes, elle expliquait :

1. Cité par Sara Evans, *op.cit.*, p. 58.

- que Dieu avait donné des droits naturels aux deux sexes ;
- qu'Il n'avait pour dessein ni l'asservissement de l'homme par des tyrans, ni l'asservissement de la femme par l'homme ;
- et que donc, tout comme les Français et les Américains avaient raison de se révolter contre des monarques injustes, les femmes pouvaient légitimement se révolter contre la tyrannie de leurs maris, de leurs pères, de leurs frères.

Décrivant en outre le mariage comme une forme de prostitution légale par laquelle les femmes négociaient leur corps en échange d'une certaine sécurité matérielle, elle affirmait que rien ne pourrait changer tant que la femme serait sous la dépendance économique de l'homme.

Or, si dans l'Amérique coloniale l'homme et la femme étaient étroitement associés dans le travail de la ferme, le début du XIXe siècle vit émerger une classe moyenne qui vivait en milieu urbain et tirait ses revenus du commerce, puis de l'industrie. Le fossé se creusa entre la famille-foyer, domaine de la femme, et le monde du travail et de l'argent, réservé à l'homme. Ainsi triompha la **« théorie des sphères »,** synonyme d'assignation à résidence pour les femmes, et de renforcement des stéréotypes qui définissaient, en les opposant de plus en plus fortement, masculinité et féminité.

Des différences essentielles séparaient les « *ladies* » des « *working women* » qui appartenaient à deux classes sociales très distinctes. Mais, contrairement à ce qui était la règle en Europe, ni la naissance, ni la richesse ne faisaient d'une femme une *lady* : le concept s'était en quelque sorte démocratisé sur le continent américain. Parodiant Simone de Beauvoir, on pourrait dire qu'on ne naissait pas *lady* on le devenait. Pour cela, il convenait de rester chez soi, et de cultiver certaines qualités spécifiquement féminines. Harriet Beecher Stowe, dans son essai « *The Lady Who Does Her Own Work* » fit remarquer que dans aucun autre pays au monde une *lady* ne pouvait être peu fortunée et mériter ce titre tout en assumant la totalité du travail domestique. Mais, lucide, elle insista sur la lourdeur du fardeau : être toujours bonne, patiente, douce, soucieuse du bien-être des autres équivalait pour elle à une mort quotidienne (« *a daily death* »). On exigeait en effet de la « *lady* » classe et style. Elle ne devait jamais paraître pauvre ou surmenée. Bien que produisant toutes sortes de biens et de services essentiels à la vie de sa famille, la « dame » se trouvait coupée de l'économie de marché. Son dur labeur demeurait invisible. Aux yeux du monde, elle ne travaillait pas.

Seules les femmes qui gagnaient de l'argent par leur travail étaient des « *working women* ». Il s'agissait surtout de femmes mariées qui travaillaient chez elles, « à façon », ou de femmes célibataires qui travaillaient à l'extérieur comme couturières, enseignantes, ou domestiques. Les célibataires commencèrent à travailler dans les usines de textiles et les filatures alors en — expansion, « *spinsters* » au sens littéral du terme. Souvent leur salaire un tiers environ du salaire masculin — venait en aide à leur mère veuve ou mariée à un père alcoolique ou invalide, ou permettait la scolarisation d'un membre masculin de la famille. Ce type d'activité, mieux rémunéré, inspira tout d'abord quelque fierté à ces femmes, pionnières d'un nouveau mode de vie. Mais elles prirent peu à peu conscience de leur double asservissement, et les règles de bonne conduite s'appliquaient à elles comme aux « ladies ». La catégorisation sexuelle l'emportait donc sur la notion de classe sociale.

L'ère de la « vraie femme » était née, et l'expression « *true womanhood* » fit florès. Magistralement analysé par Barbara Welter dans son essai « *The Cult of True Womanhood*[1] », le concept impliquait quatre préceptes incontournables : la piété, la pureté, la docilité, et l'attachement au foyer (« *domesticity* »). Telles étaient les vertus cardinales constitutives d'une féminité digne de ce nom. Elles « protégeaient » la femme grâce à ce que l'auteure appelle du doux nom de « *societal chastity belt* ». La tenue vestimentaire des jeunes filles, corsets et robes longues, était à l'image de cet idéal. La tenue lancée par Amelia Bloomer en 1851 fit scandale car même si son pantalon bouffant ne découvrait pas les jambes des femmes, il les révélait. Au nom de la science, la désinformation allait bon train, et les femmes étaient « dressées » à haïr leur corps.

Si une jeune fille se montrait rétive, peu encline à accepter toutes ces entraves auxquelles les hommes échappaient, le mariage et la famille constituaient les remèdes adéquats : leurs qualités sédatives

1. Publié dans la revue *American Quarterly* en 1966, et repris dans Barbara Welter, *Dimity Convictions : The American Woman in the Nineteenth Century*, Oxford : OUP, 1976, p. 21-41.

viendraient à bout des esprits les plus rebelles. La maternité, conséquence logique du mariage, s'accompagnait d'une mission éducative devenue occupation à plein temps quand, au XIXe siècle, on découvrit l'importance du développement de l'enfant considéré jusque-là comme un adulte en miniature. Ce fut là un autre moyen de maintenir la femme au foyer. Les « vraies femmes » adoptèrent le slogan suivant : « *let the men take care of politics, we will take care of the children.* » La femme était désormais littéralement « *her husband's* **better** *half* », divinisée, placée sur un piédestal. Elle était censée souscrire à cet énoncé des droits des femmes que déclinait un poème publié par Mrs. E. Little dans *The Ladies' Wreath, II* :

The right to love whom others scorn
The right to comfort and to mourn,
The right to shed new joy on earth,
The right to feel the soul's high worth...
Such women's rights, and God will bless
And crown their champion with success.[1]

Malgré l'emprise du « culte », des forces contraires étaient à l'œuvre, qui allaient inciter les femmes à revendiquer un rôle plus important dans la société américaine :

- les femmes sous haute surveillance devenaient elles-mêmes instruments de contrôle pour leurs enfants, immense responsabilité des irresponsables, immense autorité des opprimées ;
- elles passaient moins de temps avec les hommes que par le passé, et de plus en plus de temps entre elles. Elles se rendaient visite, se racontaient leurs déceptions. Ce n'est pas un hasard si tout allait véritablement commencer autour d'une tasse de thé prise entre dames[2] ;
- le sens de la solidarité féminine commençait à se développer : le « we » d'Abigail Adams, qu'elles commençaient à utiliser entre elles, correspondait peu à peu à une réalité ;
- les mouvements de réformes sociales, la migration vers l'ouest, les activités missionnaires, les communautés utopiques, l'industrialisation, entraînaient chez les femmes des réactions peu

1. « What are the Rights of Woman », poème de 1848-1849, cité par Barbara Welter, *op. cit.*, p. 40.
2. Voir *infra*, chapitre 2, 1.

conformes aux préceptes que leur imposaient (censément) la nature et la loi divine ;
- la perfection de la « vraie femme » portait en elle les germes de sa propre destruction : si la femme était un ange, elle devait s'occuper activement du monde que les hommes étaient en train de défigurer.

L'heure allait sonner de la « rébellion » annoncée par Abigail.

L'ère des réformes allait, sauf dans les États du Sud, élargir leur horizon. Dans les années 1820-1830 l'Amérique fut traversée par un vaste courant d'activité intellectuelle et réformatrice : réveil religieux, amélioration des conditions d'éducation pour les jeunes filles, débats des législatures d'États sur les droits des femmes en matière de propriété, participation aux croisades menées contre l'alcoolisme ou l'esclavage, tout cela fit naître chez les femmes l'espoir d'échapper à la sphère privée pour jouer un rôle public plus conséquent.

L'importance du **Second Grand Réveil** (1795-1830) a été soulignée par maints historiens, mais le rôle des femmes dans ce contexte a souvent été négligé. Or elles prirent part aux « *revival meetings* » du XIXe siècle, dont elles furent même parfois les promotrices. Certaines comme **Sojourner Truth,** remarquable « *revival leader*[1] », s'employaient même à provoquer des conversions. Réunions de prière et lectures de la Bible stimulaient l'effort de réformes morales. Les « réveils » du XIXe siècle réveillèrent non seulement le sentiment religieux, mais le sens de leur haute mission chez les femmes qui y participèrent.

Le deuxième quart du XIXe siècle aux États-Unis vit également se développer nombre de **communautés utopiques**. Toutes partageaient la même croyance en la perfectibilité de l'être humain, et même si elles n'acceptaient pas toujours la parité directionnelle entre hommes et femmes, toutes étaient « féministes » par certains aspects. Ainsi la Constitution de Brook Farm — communauté transcendantaliste des environs de Boston — promettait aux femmes membres de la communauté qu'elles seraient libérées de la tyrannie des hommes et du fourneau, et qu'elles pourraient développer leur identité

1. Cette ancienne esclave, abolitionniste et prédicateur, prit le nom de Sojouner Truth en 1843 quand elle s'installa dans le Massachusetts où elle rivalisa d'éloquence avec Frederick Douglass.

propre. Cette communauté inspira à Nathaniel Hawthorne *The Blithedale Romance* (1852) où, sous les traits du personnage de Zenobia, on peut aisément reconnaître **Margaret Fuller,** auteure de *Woman in the Nineteenth Century* (1845), qui allait inspirer plusieurs générations de femmes. Amie de Emerson, d'Alcott, et des plus beaux esprits de son temps, elle se rendit compte que le Transcendantalisme qui prêchait la libération et l'accomplissement maximal du potentiel de tout être humain ne valait que pour les hommes, tandis que perduraient la misère intellectuelle et la frustration des femmes.

Les **réformes sociales** devinrent une vocation pour maintes femmes qui s'y engagèrent au XIXe siècle. Elles ne s'occupaient pas prioritairement des droits des femmes dont elles se souciaient cependant. Mais elles s'intéressaient à bien des domaines : abolitionnisme, éducation, lutte contre les lynchages, la prostitution, l'alcoolisme, réforme des prisons, traitement des Indiens d'Amérique, soins aux malades, aux malades mentaux, aux handicapés, activités charitables pour les pauvres et bien d'autres encore. Elles croyaient sincèrement que grâce à leurs efforts les États-Unis incarneraient la réalisation des desseins de Dieu. Elles pensaient, comme Angelina Grimké dans l'une de ses lettres à Theodore Weld en août 1837, que « *moral reformations... are bound together in a circle like the sciences ; they blend with each other like the colors of the rainbow, they are the parts only of our glorious whole and that whole is Christianity, pure practical Christianity.* » Tout au long du siècle, elles furent animées du désir désespéré de se rendre utiles grâce à l'exercice quotidien d'un christianisme appliqué.

Dans le monde du travail, comme indiqué plus haut, les femmes employées dans les ateliers et les usines touchaient, en 1833, un tiers du salaire des hommes. Le sort des ouvrières à domicile était peu enviable, et la plupart vivaient dans des taudis. D'où les premiers efforts qu'elles tentèrent pour améliorer leur sort. Ainsi la révolte gronda en 1834 à Lowell[1] où une ouvrière eut l'audace de prononcer un discours sur les droits des femmes inspiré de Mary Wollstonecraft. Une série de grèves marqua les années 1840. Mais de

1. Localité du Massachusetts, cœur de la production textile et de la révolution industrielle aux États-Unis.

tels événements étaient trop sporadiques : seule une véritable organisation pouvait en améliorer l'efficacité. D'où l'initiative des femmes des ateliers de textile de Lowell qui créèrent la *Lowell Female Labor Reform Association* dirigée par Sarah Bagley, première femme syndicaliste d'envergure, entre 1845 et 1846. Ces ouvrières n'avaient ni le temps ni l'argent nécessaires à la formation de leurs propres syndicats. Mais elles soulevèrent des questions importantes comme l'égalité des salaires ou l'allégement des heures de travail, et leurs initiatives laissèrent des traces. Les « *mill girls* » de Lowell méritent de figurer parmi les pionnières de la cause des femmes.

Les activités de réforme initièrent les femmes à la vie politique et sociale. Dans le monde du travail elles découvrirent la nécessité de l'union et firent l'apprentissage de la contestation organisée. Mais c'est l'esclavage qui allait fournir à leur lutte l'impulsion décisive.

La lutte pour l'abolition de l'esclavage allait permettre aux femmes :

- de développer des qualités organisationnelles ;
- de prendre conscience de préjugés sexistes même chez leurs frères de combat ;
- de parler et de revendiquer leur droit à la parole.

L'incompatibilité de l'asservissement humain et de la démocratie tourmentait certains esprits depuis les origines de l'Union. Au Congrès Fédéral cependant, les représentants des États du Sud et leurs sympathisants bloquaient les débats grâce à la *gag rule* (loi du garrot) qui permettait d'écarter sans même les examiner toutes les pétitions relatives à l'esclavage. Le sentiment anti-esclavagiste s'exprima alors en d'autres lieux : des églises prirent le relais, où, à partir de 1830, le discours revêtit des accents moraux et religieux. Dès lors les femmes, exclues de l'arène politique, commencèrent à s'exprimer : il s'agissait de faire montre de qualités de cœur (*heart* et non *head)*, signes distinctifs d'une féminité respectable. Ainsi s'ouvrit la première véritable brèche dans la cloison étanche qui séparait les sphères.

Quel que soit leur talent, les femmes abolitionnistes des années 1820 et du début des années 1830 n'eurent jamais accès au centre des activités, et ne détenaient aucun pouvoir au sein des groupes qui commençaient à se créer. À l'instar de Lucretia Mott dont l'influence était pourtant énorme, aucune ne pouvait voter lors des « *leadership conventions* ». Elles étaient censées prêcher la bonne parole anti-esclavagiste aux autres femmes tandis que les hommes s'en prenaient aux structures du pouvoir au niveau national le plus élevé. Ainsi dans l'*American Anti-Slavery Society*, fondée à Philadelphie en 1833, les femmes furent autorisées à assister aux réunions, et même à prendre la parole, mais on leur refusa le droit de devenir membres de la Société, et de voter la « *Declaration of Sentiments and Purposes* ». Une vingtaine de femmes décidèrent alors de créer la *Philadelphia Female Anti-Slavery Society* avec à sa tête Lucretia Mott. D'autres suivirent à New York, à Boston, et dans bien d'autres localités de Nouvelle Angleterre. En 1837, la première convention de la **National Female Anti-Slavery Society** rassembla à New York 82 déléguées issues de 12 États.

Deux sœurs venues de Charleston, **Sarah et Angelina Grimké**, allaient faire du rôle des femmes dans le mouvement anti-esclavagiste un problème central. Elles forcèrent hommes et femmes à reconnaître l'analogie entre l'oppression des esclaves et celle des femmes. Nées dans une famille aristocratique de planteurs de Caroline du Sud, elles avaient été depuis leur plus tendre enfance horrifiées par l'esclavage. Sarah, l'aînée, rejoignit tout d'abord la minuscule *Congregation of Friends* de Charleston, les Quakers étant le seul groupe du Sud à s'opposer à l'esclavage. Mais elle haïssait les Sudistes et quitta sa région natale en 1822 à l'âge de 29 ans pour s'installer à Philadelphie où sa sœur, de treize ans plus jeune qu'elle, la rejoignit en 1829. Vers le milieu des années 1830 Angelina alla plus loin que les Quakers : elle prit parti pour une émancipation immédiate des esclaves. Elle adressa une lettre en ce sens à William Lloyd Garrison qui la publia dans son *Liberator*, journal abolitionniste de Boston. Cette lettre fit grand bruit. Angelina envoya ensuite d'autres lettres, dont l'une, à l'attention des femmes chrétiennes du Sud, fut brûlée en place publique à Charleston.

En 1836 l'*American Anti-Slavery Society* invita les deux sœurs à New York pour rencontrer les femmes de la ville et débattre de la question de l'esclavage, faisant d'elles les premières femmes respectables à parler en public, et les premières femmes agents officiels contre l'esclavage aux États-Unis.

Elles ne se dérobèrent point quand des hommes se glissèrent dans le public, et quand les domiciles privés devinrent trop exigus pour contenir la foule de leurs auditeurs. Si quelqu'un abordait la question des droits des femmes, elles n'esquivaient pas le problème. Pour elles, le droit d'agir devenait devoir d'agir et de parler comme Angelina le disait volontiers : « *if we have no right to act, then may we well be termed 'the white slaves of the North' for like our brethren in bonds, we must seal our lips in silence and despair.* » Certains abolitionnistes craignaient que le radicalisme des deux sœurs nuisît à la cause qu'ils défendaient. Selon eux, seul l'esclavage devait constituer le débat du moment. La femme devrait attendre son tour. Mais dans l'esprit des Grimké, les deux causes étaient inextricablement liées.

Les journaux furent scandalisés par leur audace. Pour la presse, Angelina devenait souvent « Devileena » et l'on colportait des rumeurs selon lesquelles les deux sœurs, célibataires, incapables de se trouver un mari blanc dans le Sud, espéraient trouver un conjoint noir dans le Nord. Les églises, plus véhémentes encore, dénoncèrent leurs interventions publiques comme « *an un-Christian assault upon the social order and the sanctity of home and family.* » La *Pastoral Letter* publiée au cours de l'été 1837, condamnation sans appel de ces deux femmes « contre nature », demeure à ce jour un morceau d'anthologie de la littérature anti-féministe. Mais rien n'effarouchait les deux sœurs. Sarah répliqua la même année dans ses *Letters on the Equality of the Sexes* dont la virulence n'a rien à envier à la Lettre Pastorale. Pour elle, la misogynie patente de certains passages de la Bible n'était pas imputable à la volonté divine, mais aux préjugés de ses rédacteurs et de ses interprètes. Une telle analyse exacerba les réactions hostiles et les églises fermèrent leurs portes aux deux sœurs. « *Free speech and free assembly* » devint alors leur cheval de bataille.

Cette croisade pour le **droit de parler** mérite d'être soulignée. Malgré quelques (rares) précédents, les Grimké ouvrirent la voie. En février 1838 Angelina, porteuse de pétitions contre l'esclavage signées par quelque vingt mille femmes, s'adressa au Congrès du Massachusetts, en un geste dont l'importance symbolique l'emporte sur le contenu des documents ainsi livrés. Avec Angelina, première femme à s'adresser à une législature des États-Unis, il marqua le

commencement de la fin du silence des femmes. Une longue liste d'oratrices en faveur de l'abolition de l'esclavage allait suivre l'exemple des deux sœurs, parmi lesquelles Lucretia Mott, Abby Kelly Foster, Frances Harper, Ernestine Rose, Sojourner Truth et bien d'autres. Ainsi Lucy Stone, diplômée d'Oberlin en 1847, oratrice par vocation, déclara ouvertement son intention de travailler « pour l'élévation de [son] sexe. » Pour satisfaire, en apparence, les exigences des abolitionnistes soucieux de ne pas mélanger les genres, elle parlait de l'abolition le samedi et le dimanche, et des femmes le reste de la semaine.

La carrière des sœurs Grimké comme défenseurs des droits de la femme fut relativement brève, mais la relève était assurée, et leur influence sur les autres femmes allait être durable. Même si l'organisation allait en incomber à d'autres peu après, Gerda Lerner, historienne féministe contemporaine, a pu voir en elles à juste titre « *The two forgotten women who had started the woman's rights movement*[1] ».

1. Gerda Lerner, *The Majority Finds its Past*, Oxford : OUP, 1979, p. XVII.

Chapitre 2

PREMIÈRE VAGUE

1. Tempête autour d'une tasse de thé

Par un vendredi de mai 1840 Elizabeth Cady, alors âgée de 25 ans, épousa Henry Stanton, militant abolitionniste, délégué à la **Conférence mondiale contre l'esclavage** (« *World's Anti-slavery convention* ») organisée à partir du **12 juin 1840** dans le Freemasons' Hall de Londres. Les époux décidèrent de faire de la traversée leur voyage de noces. D'autres femmes, membres de la *National Antislavery Society*, parmi lesquelles Lucretia Mott, firent également le voyage. À l'issue d'un débat houleux, elles furent tolérées dans la salle de conférences sans avoir droit à la parole, et à condition de s'asseoir, cachées par un rideau, dans une galerie où William L. Garrison et Charles Remond (délégué noir) les rejoignirent en signe de protestation.

Cette mémorable journée inspira à Elizabeth Cady Stanton et Lucretia Mott une importante résolution : « *As Mrs. Mott and I walked home, arm in arm, commenting on the incidents of the day, we resolved to hold a convention as soon as we returned home, and form a society to advocate the rights of women.*[1] » Le projet fut longtemps différé, mais ce Congrès allait conditionner la naissance du *Woman's Rights Movement* et du féminisme américain.

Dès son plus jeune âge, Elizabeth Cady avait été sensibilisée à la cause des femmes, et à l'inexistence de leurs droits, par les conversations surprises dans le bureau de son juge de père. Inconsolable depuis la mort de son fils, il ne manquait pas une occasion de rappeler à sa fille qu'il aurait aimé qu'elle fût un garçon. Lors de son mariage, elle refusa de promettre obéissance à son mari, et ne porta

1. Elizabeth Cady Stanton, *Eighty Years & More. Reminiscences 1815-1897*, Boston : Northeastern U. Press, 1993, p. 82-83.

le nom de son époux qu'à condition de garder également le sien. Elle fut heureuse à Boston où le couple s'installa. La ville était au cœur des réformes, et de la vie intellectuelle et culturelle de la Nouvelle Angleterre. Mais en 1847 Henry Stanton décida d'établir son étude à Seneca Falls, petite ville industrielle de l'Ouest de l'État de New York où Elizabeth connut l'isolement, l'ennui et le surmenage. Elle comprit alors quelle vie menaient nombre de femmes de son époque. Le souvenir lui revint, huit ans après, de ce projet de convention dont Lucretia Mott et elle avaient parlé à Londres. L'élément catalyseur fut une invitation à prendre le thé chez Jane et Richard Hunt, riches Quakers, à Waterloo, tout près de Seneca Falls, où Elizabeth retrouva Lucretia Mott, accompagnée de sa sœur Martha Coffin Wright. Tout en prenant le thé, ce jour-là, Elizabeth Cady Stanton donna libre cours à sa frustration et à son mécontentement longtemps accumulés. Son indignation s'avéra contagieuse, et les « dames » réunies à Waterloo décidèrent d'annoncer dans le *Seneca County Courier* la tenue d'une convention sur les droits sociaux, civiques, et religieux de la femme (« *Woman's Rights Convention* »), cinq jours plus tard, les 19 et 20 juillet 1848. L'annonce, non signée, précisait que tout débuterait le mercredi à 10 heures, dans la *Wesleyan Chapel* de Seneca Falls. Le premier jour serait exclusivement réservé aux femmes. Le public dans son ensemble était invité le deuxième jour, où Lucretia Mott, de Philadelphie, ferait une intervention.

2. Il était une fois Seneca Falls

Le dimanche 16 juillet les « dames en colère » se retrouvèrent chez Mary Ann McClintock, l'une des invitées de Waterloo. Trois jours seulement les séparaient de l'événement dont elles avaient pris l'initiative, et leur inquiétude prit des allures de panique. Sous l'impulsion d'Elizabeth Cady Stanton, elles décidèrent de rédiger une « *Declaration of Sentiments and Resolutions* » calquée sur la Déclaration d'Indépendance de 1776. Comme dans l'hypotexte utilisé comme modèle, le rappel de l'existence de droits naturels, et des principes lockiens qui légitimaient toute révolution, était suivi d'une liste de doléances, catalogue d'injustices dont les femmes étaient victimes. La Déclaration proprement dite précédait l'énoncé de onze résolutions visant à la modification d'une situation devenue intolérable. Elizabeth Cady Stanton tint absolument à ce que l'une de ces résolutions réclamât le droit de vote pour les femmes. Nombreuses furent les mises en garde de ses compagnes, dont Lucretia Mott qui craignait le ridicule. Henry Stanton, qui jusque-là avait soutenu les efforts de son épouse, menaça de boycotter la Convention si elle persistait dans son projet. Les « rebelles », sensibles malgré tout aux règles de comportement de l'époque, confièrent à James Mott, mari de Lucretia, la charge de présider les séances. Thomas McClintock, époux de Mary Ann, participa lui aussi aux réunions. Mais, fidèle à sa promesse, Henry Stanton quitta la ville !

Le 19 juillet, Jour J, le premier problème consista à ouvrir la chapelle où l'on trouva portes closes. Cet obstacle surmonté, l'église fut rapidement pleine, et il fallut réagir à un deuxième imprévu : les hommes n'avaient pas été invités pour les discussions du premier jour, mais quarante d'entre eux se présentèrent. Ils avaient déjà pris place, et ils furent autorisés à rester. À 11 heures, James Mott déclara la séance ouverte. Elizabeth Cady Stanton, dans son premier discours public, définit les objectifs de la réunion. Elle lut ensuite la Déclaration dont le texte fut discuté, amendé, puis voté à l'unanimité.

Le lendemain fut consacré à l'examen des Résolutions. Elles furent adoptées à l'unanimité à l'exception de la résolution sur le vote des femmes. Elizabeth Cady Stanton se montra ferme dans sa défense de ce droit, en un discours aux accents parfois un peu suspects. Elle y dénonçait l'insulte faite aux femmes privées d'un droit accordé aux ivrognes, aux idiots, à toutes sortes de dégénérés, aux étrangers illettrés et aux jeunes gens sans cervelle. Mais c'est surtout le soutien en séance de Frederick Douglass (ancien esclave, abolitionniste, et rédacteur en chef du *North Star* à Rochester) qui permit l'adoption, de justesse, de cette neuvième résolution, au terme de vifs débats. La journée s'acheva sur l'intervention de Lucretia Mott qui proposa une douzième résolution : *The speedy success of our cause depends upon the zealous and untiring efforts of both men and women, for the overthrow of the monopoly of the pulpit, and for securing to women an equal participation with men in the various trades, professions, and commerce.* Cette ultime résolution fut adoptée à l'unanimité.

Quelque trois cents personnes, pour la plupart gens ordinaires, participèrent à ces deux journées. Parmi elles, 68 femmes et 32 hommes signèrent la « *Declaration of Sentiments and Resolutions* ». Sorte de version américaine de la « Déclaration des droits de la femme et de la citoyenne » d'Olympe de Gouges en France (1791), cette Déclaration doit sa structure logique et rhétorique à la Déclaration d'Indépendance de 1776 qu'elle parodie. Mais la comparaison de ces deux textes permet de dégager quelques nuances significatives :

- le « *all men and* ***women*** *are created equal* » du préambule de la Déclaration de Sentiments donne le ton, par l'ajout de celles qu'on avait « oubliées », et le refus d'employer le mot « men » comme terme générique pour l'humanité tout entière ;
- dans le préambule théorique, tous les termes connotant dissolution ou séparation sont atténués, voire supprimés. Les signataires aspirent à une situation différente, à l'intérieur de la « famille de l'homme ». Il ne s'agit pas d'indépendance mais d'autonomie ;
- la liste des doléances aborde tous les aspects du statut des femmes dans leur famille et dans la nation, comme êtres humains, comme épouses, comme mères et comme citoyennes là où leur mariage scellait leur mort civique (« *civilly dead* ») ;
- dans sa conclusion comme dans ses *Resolutions*, le texte est un texte programmatique, à strictement parler un MANIFESTE qui dénonce, puis propose, là où la Déclaration d'Indépendance se contentait de justifier une décision déjà prise et ne construisait rien pour l'avenir immédiat.

L'imitation d'un texte fondateur ne signifie pas que les femmes étaient à court d'imagination, mais qu'elles avaient assez de cervelle pour user d'intertextualité à des fins d'ironie polémique. Renvoyant à l'homme ses grands principes, elles le prenaient en flagrant délit de contradiction. La parodie vitalisait la contestation.

Avec une remarquable clairvoyance, les réactions au texte, et ses retombées, se trouvaient prédites à la fin de la Déclaration : *In entering upon the great work before us, we anticipate no small amount of misconception, misrepresentation, and ridicule ; but we shall use every instrumentality within our power to effect our object. We shall employ agents, circulate tracts, petition the State and national Legislatures, and endeavor to enlist the pulpit and the press in our behalf. We hope this Convention will be followed by a series of Conventions, embracing every part of the country.*

D'une manière générale, la couverture de l'événement par la presse fut empreinte d'hostilité et marquée par des attaques fielleuses. Le texte fut publié dans son intégralité par le *New York Herald* qui le présenta comme une douce plaisanterie tout en reconnaissant à Lucretia Mott les qualités d'un président des États-Unis. Seul le *New York Tribune* de Horace Greeley traita cet épisode avec sérieux. Devant une telle levée de boucliers certains signataires de la Déclaration auraient souhaité que leur nom fût retiré. Mais Elizabeth Cady Stanton, elle, vit dans l'initiative du *New York Herald* une appréciable publicité, et elle prit la peine de répondre par écrit à toutes les attaques publiées par les journaux. Lucretia Mott comprit alors le rôle essentiel que son amie allait jouer dans ce combat naissant.

Il faut bien reconnaître que le mouvement à ses débuts s'intéressa peu au droit de vote des femmes qu'Elizabeth Cady Stanton avait tenu à placer tout au début de la liste des doléances. Les soucis les plus immédiats portaient sur le contrôle des biens, les salaires, le divorce, la garde des enfants, et à un meilleur accès à l'éducation et à des emplois gratifiants. Dans un environnement politique peu favorable, l'aspiration à la fin de la discrimination contre les femmes dans TOUS les domaines parut trop radicale. Les dames de Seneca Falls étaient en avance sur leur temps, et le mouvement ne reçut pas le soutien qu'elles espéraient. En outre, les préoccupations révélées par le texte n'avaient qu'un rapport lointain avec le monde dans lequel vivaient la plupart des femmes, monde encore rural, fait de familles nombreuses, et de plus en plus réceptif aux préceptes de la moralité victorienne. La possibilité de faire carrière, ou de monter en chaire à l'église ne parlait qu'à une élite restreinte. De tels objectifs étaient si étrangers à l'expérience vécue de la majorité de la population, qu'on n'accorda guère de crédit à ces premières militantes, considérées le plus souvent comme une frange marginale de femmes un peu dérangées.

Cependant la nouvelle des événements de Seneca Falls se répandit rapidement et fut à l'origine de l'organisation de réunions régionales sur les droits de la femme. Une réunion se tint quinze jours après celle de Seneca Falls à Rochester, dans l'État de New York. Lucy Stone, abolitionniste de Nouvelle Angleterre, organisa la première convention nationale sur les droits de la femme à Worcester, Massachusetts, en 1850. De telles conventions, désormais présidées par des femmes, se tinrent ensuite chaque année (sauf en 1857) jusqu'à la guerre de Sécession.

Le discours des instigatrices de cette révolution d'un nouveau genre avait ses limites. Ainsi nombre d'entre elles ne remirent jamais en cause certains aspects de la moralité conventionnelle. Elles tenaient à leur statut de « ladies » qui les rendait aveugles aux graves problèmes qui se posaient aux autres femmes. La plupart d'entre elles n'étaient pas loin de penser que la sexualité féminine était une chimère, et elles refusaient d'aborder des questions comme la grossesse, l'avortement, la contraception. Leur attention se portait seulement sur les droits « publics » de la femme.

Néanmoins, un groupe de rebelles était né, dont certaines firent exception à cette règle :

- À la pointe en ce domaine comme en bien d'autres, Elizabeth Cady Stanton osa déclarer que « *the first great work to be accomplished for woman is to revolutionize the dogma that sex is a crime* ».
- Paulina Wright Davies, fondatrice du premier journal féministe, *The Una*, fut la première femme à donner des conférences sur l'anatomie et la physiologie des femmes.
- Ernestine Rose joua un rôle prépondérant dans le passage du *New York State Married Woman's Property Act* en 1848, et parlait aux femmes de leurs droits légaux.
- Lucretia Mott, avec sa parfaite connaissance de la Bible, dénonçait les hommes d'église qui affirmaient que Dieu avait voulu que la femme fût l'inférieure de l'homme.

- Harriet Hunt, l'une des premières femmes du XIXe siècle à exercer la médecine, dénonçait les médecins qui affirmaient l'infériorité physique des femmes.
- Lucy Stone, remarquable oratrice, refusa, tout comme Elizabeth Cady Stanton, de promettre obéissance à son mari lors de son mariage. Elle tint à garder son seul nom de jeune fille, ce qui valut à celles qui l'imitèrent le surnom de « *Lucy Stoners* ».
- Sojourner Truth, ancienne esclave, évangéliste, se montra très active comme abolitionniste et comme féministe. À la Convention d'Akron, Ohio, en 1851, elle émut aux larmes son public grâce à son magnifique discours ponctué par un *Ain't I a woman?* resté célèbre.
- Susan B. Anthony, Quaker, rejoignit le mouvement en 1852. Elle s'était tout d'abord engagée dans la croisade contre l'alcoolisme. Mais Elizabeth Cady Stanton la persuada de s'intéresser à la cause des femmes. Occupée par ses sept enfants, Elizabeth Cady Stanton se sentait comme une lionne en cage. Grâce à l'aide de Susan B. Anthony, femme d'action, « Napoléon du mouvement », elle put écrire maints articles, discours, et lettres. Susan B. Anthony, célibataire, les diffusait, parcourant infatigablement le pays où elle organisait des tournées de conférences et créait de nouvelles associations de défense des droits de la femme. Elizabeth Cady Stanton résuma ainsi leur très longue collaboration : « *I forged the thunderbolts and she fired them* ». Elles formèrent un tandem d'une redoutable efficacité.

Même si les résultats immédiats ne furent pas à la hauteur des espérances de ces premières rebelles, l'esprit maintenant soufflait, et un mouvement autonome de lutte pour la défense des droits de la femme était né, qui allait acquérir une stature nationale.

3. Le « *Woman's Rights Movement* »

Men their rights and nothing more – Women their rights and nothing less[1]

Même si des conventions nationales sur les droits de la femme se tinrent annuellement jusqu'en 1860, il n'existait aucune organisation

1. Devise de *The Revolution*, journal de la National Woman Suffrage Association.

permanente. Les militantes trouvaient le soutien logistique dont elles avaient besoin au sein des associations de lutte contre l'alcoolisme, mais aussi et surtout au sein des organisations abolitionnistes.

Pendant la guerre de Sécession la question de l'esclavage mobilisa toutes les énergies. En mai 1863 Elizabeth Cady Stanton, avec l'aide de Susan B. Anthony, créa la ***Women's National Loyal League*** en faveur de l'abolition immédiate de l'esclavage. Mais il s'agissait également que soit clairement défini et reconnu le rôle des femmes pendant le conflit. Certaines avaient servi comme infirmières, beaucoup avaient participé à l'effort de guerre en gérant fermes, usines, entreprises de toutes sortes. Elles pensèrent alors légitimement que leur juste récompense pourrait être le droit de vote octroyé par la nation reconnaissante. Elles allaient vite déchanter.

Entre 1865 et 1875, grande fut la déception. ***The American Equal Rights Association***, fondée en 1866, nourrit l'illusion que l'on pouvait associer la défense des droits des Noirs et celle des droits de la femme à une époque où, en fait, Républicains et Démocrates s'accordaient à penser que la principale question de la Reconstruction était celle du statut politique des esclaves libérés. Un large consensus se dessina sur ce point, et l'Association eut de plus en plus de mal à maintenir sa position. Sous la direction de Wendell Phillips, Horace Greeley, Gerrit Smith, et d'autres abolitionnistes, le quatorzième amendement à la Constitution devint clairement l'objectif principal. Les débats qui secouaient l'Association elle-même eurent cependant un effet positif : pendant les trois années de vie de l'AERA, on s'intéressa au sort particulier des femmes noires qui trouvèrent en **Frances Gage** leur meilleure avocate. Responsable du *Freedmen's Bureau* de Washington D.C. après la guerre, elle fut plus qu'aucune autre femme blanche immergée dans la vie de la communauté noire. Elle s'intéressa aux perspectives qui s'offraient à la femme noire esclave libérée (« *freedwoman* »), et poussa l'AERA à intégrer ce souci dans ses préoccupations. D'autres la suivirent, telle Susan B. Anthony qui posa cette question : « *What to the slave woman is the equality of the races* ? » Elizabeth Cady Stanton elle-même affirmait que sans le droit de vote la femme noire était condamnée à un triple esclavage auquel les hommes échappaient (« *a triple bondage that man never knows* »). Hélas, les Noirs eux-mêmes étaient partagés quant à cet effort pour associer la cause des femmes à la leur. La suspicion entre l'homme noir et les réformatrices blanches était réciproque. La femme noire, prise entre deux feux, elle, ne maîtrisait rien.

Les féministes essayèrent de s'assurer l'appui des abolitionnistes, sans grand succès. À l'une des réunions de la branche de l'*American Anti-Slavery Society* en Nouvelle-Angleterre, Wendell Phillips évita, comme toujours, les discussions ouvertes sur l'introduction du vote des femmes dans un programme abolitionniste. Parker Pillsbury (principal féministe de sexe masculin) et Stephen Foster, osèrent présenter un plaidoyer en faveur du suffrage universel, mais ils furent désavoués par les participants à la réunion. Au nom d'une histoire commune, on souhaitait éviter un conflit ouvert. Il n'en demeure pas moins vrai que les abolitionnistes avaient espéré que les femmes créeraient une organisation qui demanderait l'émancipation des Noirs, et accessoirement seulement, la leur. **« Woman's Rights » devint presque un terme d'opprobre à force d'être relégué au deuxième plan.**

Les abolitionnistes affirmèrent de plus en plus clairement que l'heure avait sonné pour les Noirs (« *Negro's hour* »), et que l'inclusion du droit de vote pour les femmes compromettrait la ratification du 15e amendement à la Constitution qui allait donner le droit de vote aux anciens esclaves. Elizabeth Cady Stanton et Susan B. Anthony se sentirent trahies par leurs anciens alliés et, en conséquence, s'opposèrent à ce 15e amendement. Une telle réaction les priva du soutien de l'aile la plus conservatrice du mouvement et fut à l'origine de la **création de deux organisations rivales en 1869.**

Toutes deux militaient pour le droit de vote des femmes, mais différaient selon des lignes géographiques, idéologiques, et méthodologiques. C'est en vain que Lucretia Mott essaya de les réconcilier.

Elizabeth Cady Stanton, Susan B. Anthony, Martha Wright, et l'aile la plus radicale du mouvement, fondèrent en mai 1869 la ***National Woman Suffrage Association (NWSA)***. C'était le groupe de New York, présidé par Elizabeth Cady Stanton. Leur journal, *The Revolution*, fut fondé le 8 janvier 1868, avant même la naissance officielle de la NWSA qui vit le jour lors d'une réunion de son comité de rédaction. Elizabeth Cady Stanton et Parker Pillsbury en étaient les rédacteurs en chef, et la gestion fut confiée à Susan B. Anthony. Ce journal, dont la parution cessa en 1870, prônait une restructuration profonde de la société afin que l'égalité des hommes et des femmes devienne réalité.

La NWSA souhaitait l'inclusion immédiate du droit de vote pour les femmes dans le 15e amendement ou pour le moins deux amendements, 15 et 16, à la Constitution fédérale. S'inspirant des résolutions de Seneca Falls, l'association ne réclamait pas seulement le droit de vote. Son programme, beaucoup plus large, incluait :

- la disparition de toutes les lois et de toutes les pratiques discriminatoires à l'encontre des femmes ;
- une libéralisation de la législation sur le divorce ;
- l'accès des femmes à l'enseignement supérieur et à de véritables carrières ;
- une réforme des institutions religieuses ;
- une révision complète de ce qui constituait la « sphère des femmes » ;
- et même un plaidoyer en faveur de l'abolition du mariage.

On osa même commencer à parler de contrôle des naissances, et Elizabeth Cady Stanton n'hésita pas à faire en public des discours sur la sexualité féminine. Elle condamnait le « *Victorian double standard of morality* » qui obligeait les femmes, contraintes à la vertu et à la discipline, à supporter des maris ivrognes, violents, aux mœurs dissolues. Elle se montra même réceptive aux discours de Victoria Woodhull qui, en mai 1870, prôna l'amour libre dans un discours au sein de la NWSA. Avec sa sœur Tennesse Claflin, Victoria la « scandaleuse » donna mauvaise réputation aux féministes plusieurs années durant, et le soutien d'Elizabeth Cady Stanton aggrava ce phénomène. Susan B. Anthony, pour sa part, se montrait favorable à la désobéissance civile qu'il lui arriva de pratiquer[1].

De leur côté les féministes du groupe de Boston, avec Lucy Stone, Julia Ward Howe (auteure bien connue du *Battle Hymn of the Republic)* et d'autres, fondèrent l'***American Woman Suffrage Association* (AWSA)**, organisation modérée, lors d'une réunion à

1. Voir plus loin dans ce chapitre.

Cleveland en novembre 1869. Henry Ward Beecher en fut le premier président. S'agissant de l'obtention du droit de vote pour les femmes, cette association préconisait une approche graduelle, État par État, visant ensuite le passage de lois fédérales pour proclamer ce droit dans le *District of Columbia* et dans les territoires de l'Ouest, puis, ultime étape, un amendement à la constitution fédérale. C'était là son unique objectif (« *single issue approach* »). L'AWSA se donna elle aussi son journal, *The Woman's Journal*, publié pour la première fois le 8 janvier 1870, jour anniversaire de la création de *The Revolution*. Lucy Stone et son mari Henry Blackwell en étaient les rédacteurs en chef. Comme l'organisation elle-même, le journal militait essentiellement pour l'obtention du droit de vote par les femmes.

Le mot « male » inscrit dans la 2e section du 14e amendement à la Constitution des États-Unis, avait déjà, en 1868, exclu les femmes de ses clauses généreuses. Le 15e amendement, ratifié en 1870, qui prohiba toute interdiction de voter fondée sur la race, la couleur ou l'état antérieur de servitude, rendait cette exclusion aveuglante de clarté. Les femmes n'étaient toujours pas autorisées à voter, et la différence sexuelle se trouvait plus que jamais inscrite dans le texte, et jusque dans les silences, de la Constitution. Aucune illusion n'était plus permise.

Dès lors, **la politisation du débat** devint patente. En 1871 et 1872, des femmes tentèrent de s'inscrire sur les listes électorales et de voter dans dix États et dans le *District of Columbia*. Ces actes de désobéissance civile aboutirent à une série de procès dont le plus célèbre reste sans doute celui de Susan B. Anthony. Elle avait pris la tête d'un groupe de femmes qui votèrent à Rochester (N.Y.) lors de l'élection présidentielle de 1872. De ruses en irrégularités, le juge parvint à faire en sorte que l'affaire ne remonte pas jusqu'à la Cour Suprême. Une autre femme, Virginia Minor, présidente de la *Woman Suffrage Association* du Missouri, se vit refuser une inscription sur les listes électorales, en vertu de la constitution de l'État qui interdisait explicitement le vote des femmes. Virginia Minor, très bien conseillée par son mari, Francis Minor, juriste à St Louis, intenta un procès à Reese Happersett qui s'était opposé à cette inscription. Francis Minor développa une théorie selon laquelle le 14e amendement, relatif à la citoyenneté de « toutes les personnes », avait implicitement accordé le droit de vote aux femmes. Déboutés, les époux Minor virent cette analyse dénoncée par la Cour Suprême des États-Unis qui, en 1874, confirma la décision des tribunaux inférieurs en soulignant la différence entre « citoyenneté » et droit de vote.

Après la décision de la Cour dans le cas Minor, l'obtention d'un 16e amendement qui eût accordé le droit de vote aux femmes devint l'unique objectif des femmes qui mirent alors tous leurs espoirs dans la voie constitutionnelle jusqu'ici réservée aux hommes.

Cet infléchissement du combat se lit dans la *Declaration of Rights* de 1876, année de la célébration du centenaire de la Révolution. On refusa à Susan B. Anthony et à quatre autres femmes de la NWSA le droit de participer aux cérémonies officielles organisées à Philadelphie. Elles prirent alors l'initiative de distribuer une Déclaration des Droits, véritable acte d'accusation des hommes politiques des États-Unis. Cette décision, et le texte lui-même, marquèrent le tournant politique amorcé par les activités des militantes.

Une brève comparaison des textes de 1848 et de 1876 permet de constater la disparition du terme « sentiments », trop marqué affectivement, du titre du document. Le texte reflétait tout à la fois les gains obtenus, notamment dans ce qu'il ne demandait plus, et les échecs auprès des tribunaux après la guerre de Sécession, dans ce qu'il demandait encore. Il soulignait les droits politiques et civiques individuels refusés aux femmes collectivement. Le langage de 1876 s'était masculinisé sous l'influence du maelström constitutionnel déclenché par les amendements d'après-guerre. Plus que le texte de 1848, celui de 1876 se fit l'émule de la pensée juridique masculine du XVIIIe siècle. On y retrouvait mot à mot quelques-uns des griefs contre l'Angleterre avant l'Indépendance : ainsi « *taxation without representation* » y figurait explicitement. Plus qu'en 1848 encore, le discours faisait jouer aux femmes, dans le conflit, le rôle des colonies, et aux hommes celui de l'Angleterre. Les questions évoquées perpétuaient pour la plupart les préoccupations du XVIIIe siècle. Seuls portaient la marque du XIXe siècle la référence au statut des femmes mariées, les accents nativistes du propos, et la critique de la notion de « *universal* ***man****hood suffrage* », émanation d'une « aristocratie de sexe ».

Plus proche donc du discours de 1776, la Déclaration de 1876 fut considérée comme moins « féministe » car « *less women-oriented* ». La demande du droit de vote figure dans les deux textes, mais en 1848 elle était, selon certains, plus radicale, car liée au bonheur des femmes et à la défense de droits individuels issus de la volonté de Dieu (« *Creator* »). En 1876 le point d'attache n'était plus le Créateur, mais les principes plus larges des droits de l'homme. Le concept d'égalité s'était « masculinisé. »

Entre 1869 et 1890, malgré leurs dissensions, les deux organisations obtinrent des résultats importants :

- nombre d'États avaient passé des lois octroyant le droit de propriété aux femmes mariées (le modèle en ce domaine avait été fourni en 1860 par le *New York Married Women's Property Act*), le partage égal de la garde des enfants, le droit de conclure des contrats et d'intenter des actions en justice ;
- 19 États autorisaient le vote des femmes dans l'élection des « *local school boards* » ;
- dans deux territoires de l'Ouest, le Wyoming et l'Utah, les femmes pouvaient voter au même titre que les hommes.

Cependant le droit de vote à l'échelon national était loin d'être acquis, et la lutte pour l'obtention de ce droit, État par État, devint l'objectif de la ***National American Woman Suffrage Association (NAWSA)*****, résultat de la fusion, en 1890, des deux organisations rivales.** Les deux premières présidentes en furent Elizabeth Cady Stanton et Susan B. Anthony, toutes deux âgées de plus de soixante-dix ans.

L'âge, néanmoins, n'entama en rien leur détermination. Elizabeth Cady Stanton, rebelle incorrigible, se montra particulièrement offensive. Elle critiquait volontiers l'étroitesse d'esprit de la NAWSA et voyait d'un œil méfiant le soutien récent que les pieux partisans de la Prohibition apportaient à l'idée d'autoriser les femmes à voter. Elle s'opposa en particulier à la poussée des Évangélistes qui infiltraient l'Association et cherchaient à réduire la portée du programme des femmes avides d'émancipation. Dès que les femmes essayaient d'élargir les limites de leur « sphère » les responsables masculins des institutions religieuses leur rappelaient qu'elles violaient la loi de Dieu. Elizabeth Cady Stanton, particulièrement indignée par leur utilisation des Saintes Écritures, publia, en 1895, « *The Woman's Bible* », commentaire critique de l'image négative de la femme véhiculée par les interprétations de l'Ancien et du Nouveau Testament. Susan B. Anthony elle-même pensa que cette fois-ci son amie avait passé les bornes, et elle ne put faire grand-chose pour contenir la colère des militantes les plus conservatrices. Lors de la convention annuelle de la NAWSA, le livre et son auteure firent l'objet d'une condamnation publique. À partir de cet instant, les militantes de la ligne majoritaire (« *mainstream suffragists* ») eurent tendance à minimiser le rôle historique de Cady Stanton, préférant accorder à Susan B. Anthony le statut d'« *elderly stateswoman* » du mouvement[1].

4. L'assaut final

Elizabeth Cady Stanton mourut en 1902 à l'âge de 83 ans, et Susan B. Anthony en 1906, à 86 ans. Une nouvelle génération de féministes avait alors vu le jour : elles étaient plus jeunes, elles avaient fait de meilleures études, et elles étaient moins prisonnières de la sphère domestique que leurs aînées. Cette génération montante était bien représentée par **Carrie Chapman Catt,** originaire du Wisconsin, l'un des États les plus progressistes à cette époque. Elle succéda à Susan B. Anthony à la tête de la NAWSA en 1900. En des termes qui amplifiaient quelques accents troublants déjà perceptibles dans la Déclaration de Seneca Falls, ces nouvelles militantes étaient prêtes à établir un lien entre le vote des femmes et la défense de l'« *Establishment* » contre des hordes d'immigrants. Elles allèrent jusqu'à proposer une sorte de troc selon lequel on aurait supprimé le droit de vote dont jouissaient les pauvres des taudis, les Noirs et les étrangers, pour le donner plutôt aux femmes, à savoir aux femmes blanches, anglo-saxonnes, protestantes (WASP). « *There is but one way to avert the danger : cut off the vote of the slums and give it to*

1. Il convient de remarquer que l'amendement qui accorda le droit de vote aux femmes en 1920 fut, et reste, associé au nom de Susan B. Anthony, malgré le rôle indiscutable de pionnière que joua Elizabeth Cady Stanton en ce domaine.

women » : ainsi s'exprimait Carrie Chapman Catt. Elle concevait le vote des femmes comme un moyen de contrebalancer certaines mauvaises influences, et de maintenir de manière légale la suprématie des Blancs dans le sud du pays. Son discours tendait donc à rejoindre parfois celui des hommes les plus conservateurs.

La direction de la NAWSA, composée de femmes des classes aisées, préconisait un « féminisme social » fondé sur l'idée que les femmes étaient différentes des hommes et devaient être autorisées à voter pour pouvoir appliquer leurs qualités spécifiques aux problèmes politiques de la nation. C'est dans ce contexte idéologique que leur combat pour le droit de voter allait aboutir.

En 1914 les femmes étaient autorisées à voter dans 12 États, tous à l'Ouest du Mississippi. La même année, un groupe de nouvelles jeunes militantes forma le ***National Woman's Party*** chargé d'exercer sur Washington des pressions en faveur d'un amendement constitutionnel. À leur tête se trouvait Alice Paul, rentrée en 1910 d'Angleterre où elle avait participé au combat des suffragettes. Agitatrice animée d'un désir passionné de justice, elle insuffla au mouvement des femmes américaines une ardeur qui l'avait quitté. Elle entraîna son groupe dans la rue, et poussa ses adeptes à prendre part au jeu politique des partis. Elle eut recours à des formes d'action directe (piquets, arrestations, grèves de la faim...) ainsi qu'à des méthodes plus conventionnelles (lobbying auprès du Congrès fédéral, pression sur les partis politiques et les candidats à la présidence ou à des fonctions électives au Congrès). L'amendement en faveur du droit de vote des femmes franchit le cap du travail en commission pour la première fois en 1918. Le vote favorable de la Chambre des Représentants déchaîna un bel enthousiasme auquel l'opposition du Sénat allait pourtant mettre un terme.

Le rôle joué par les femmes pendant la Première Guerre mondiale encouragea malgré tout les féministes à rassembler leurs forces pour l'estocade finale. Le Président Wilson avait insisté sur le devoir pour les États-Unis de participer à la guerre afin que règne la démocratie dans le monde. Refuser dans le même temps le droit de vote à plus de la moitié de la population adulte de la nation — et plus précisément à la moitié qui avait joué un rôle essentiel dans la participation des civils à l'effort de guerre — devenait dès lors très embarrassant.

Au printemps 1919, grâce à l'appui des adeptes de la Prohibition, les défenseurs du droit de vote pour les femmes parvinrent à obtenir la majorité des 2/3 des deux Chambres nécessaire à la proposition de l'amendement pour ratification par les États. Leurs efforts se tournèrent alors logiquement vers les États, et en 1920 le 19e amendement (dont les femmes avaient espéré qu'il serait le 16e), appelé amendement Susan B. Anthony, fut ratifié.

On comptait sur les femmes pour purifier un système politique corrompu. En fait, entre Seneca Falls et l'ère progressiste (*Progressive Era*), l'idée du droit de vote pour les femmes avait gagné en respectabilité et en légitimité. Au lieu d'incarner une attaque contre la famille et la conception traditionnelle de la place de la femme ou de la sphère féminine, il était maintenant présenté comme un moyen de permettre aux qualités morales et spirituelles de la femme d'exercer une influence rédemptrice sur le gouvernement (« *social house-cleaning* »).

Soixante-douze années s'étaient écoulées depuis l'appel audacieux d'Elizabeth Cady Stanton à une Convention réticente. Le 2 novembre 1920, Charlotte Woodward Pierce, âgée de 91 ans, vota à Philadelphie lors de l'élection présidentielle. Elle était la seule survivante parmi les signataires de la Déclaration de Seneca Falls.

Chapitre 3

LE CREUX DE LA VAGUE

1. Les années vingt : enthousiasme et entropie

La réconciliation des deux principales organisations féministes permit à leurs efforts d'aboutir avec le 19e amendement en 1920. Néanmoins, la transformation progressive du *Woman's Rights Movement* en *Suffrage Movement* avait rétréci quelque peu les ambitions. En outre, la victoire fut suivie d'une baisse d'énergie dans le mouvement dont les militantes, fatiguées, n'avaient pas toujours les idées claires. Les hommes politiques, quant à eux, poussèrent un immense soupir de soulagement quand ils s'aperçurent que les femmes n'étaient guère capables de voter comme un seul bloc, et que, parmi les « meneuses », rares étaient celles qui envisageaient une carrière politique.

À l'instar en effet des révolutionnaires américains au lendemain de l'indépendance, les femmes eurent beaucoup de mal à se regrouper autour d'intérêts communs. Les plus actives elles-mêmes pensaient que leur bulletin de vote permettrait aux femmes, individuellement, d'exprimer leurs valeurs « féminines » (celles des classes moyennes, peu sensibles aux préoccupations des Noires, des immigrantes, et des ouvrières) et de défendre leur cause. Elles se berçaient de l'illusion que ce qui avait été gagné par un vaste effort collectif conduirait chacune d'elles à assumer sa nouvelle citoyenneté dans la solitude de l'isoloir. D'autre part, la modernité à coloration scientifique des années vingt allait saper le sens communautaire qui les avait unies sous l'Amérique victorienne.

Après la Première Guerre mondiale, les femmes jeunes tournèrent le dos aux exploits de leurs mères et de leurs grands-mères. La politique les ennuyait. Elles voulaient prendre du plaisir et s'amuser. Symbole de l'époque, la *flapper*, comme son nom l'indique, agita fébrilement ses ailes, et multiplia les expériences. On la rencontrait dans les cabarets, les dancings, les salles de cinéma, tous lieux qu'aucune femme respectable de la génération précédente n'aurait fréquentés. Elle dansait, fumait, buvait, ne faisait aucun mystère de sa sexualité sous le regard effarouché de ses aînées. Zelda Fitzgerald, épouse de Francis Scott Fitzgerald à qui ces années folles doivent leur nom de ***Jazz Age,*** déclarait en 1924 : « *I hope my daughter's generation will be jazzier. I want my girl to do as she pleases, be what she pleases, regardless of Mrs. Grundy… I don't want Patt to be a genius. I want her to be a flapper, because flappers are brave, and gay, and beautiful*[1]. » Cheveux courts, nez poudré, rouge aux joues, sourcils épilés, bras nus, corps mince, jupes à mi-mollet, la *flapper* s'était débarrassée de l'accoutrement de la femme du XIXe siècle pour lui préférer des vêtements plus confortables, favorisant sa liberté de mouvement. Mais en même temps elle se bandait les seins pour paraître plate (comme un homme ?) et sa libération était plus apparente que réelle, tant était grande la servilité avec laquelle d'aucunes se conformaient à cette nouvelle mode. Là où naguère la femme devait afficher les apparences de la pureté, il convenait désormais de paraître « *sexy* ». Ce faisant, elle se transforma en objet sexuel exposé au regard de l'homme qu'il s'agissait de séduire.

Dès après la Première Guerre mondiale l'anarchiste Emma Goldman avait œuvré infatigablement pour l'indépendance sexuelle et politique des femmes. Ses idées, ainsi que celles de la bohème de Greenwich Village, étaient maintenant largement répandues dans les campus américains. Les psychologues disciples de Freud déclaraient la guerre à l'idéologie victorienne dont ils soulignaient le caractère superstitieux, non scientifique, malsain. L'heure d'une certaine révolution sexuelle (« *sex o'clock* ») semblait avoir sonné. Mais c'était celle d'une sexualité « normale » c'est-à-dire hétérosexuelle, dans le cadre du mariage, et le code de bonne conduite restait beaucoup plus contraignant pour les femmes que pour les hommes.

Certes, les Américains des classes moyennes reconnaissaient enfin l'existence d'une sexualité féminine et acceptaient l'idée d'un plaisir

1. Cité par Sara Evans, *op. cit.*, p. 175.

sexuel dissocié de la procréation. Mais la féminité avait une dimension commerciale de plus en plus marquée en ces années de consumérisme naissant. Les experts en marketing utilisaient la sexualité, surtout celle des femmes, pour vendre toutes sortes de produits. En 1921 on organisa pour la première fois le *Miss America Beauty Pageant* à Atlantic City : la loi de la concurrence s'appliquait à la beauté féminine. La technologie aidant, la maîtresse de maison, gagnée par la fièvre acheteuse, s'entoura d'appareils ménagers qui lui laissaient du temps pour prendre soin d'elle, pour rester mince, élégante, et intéressante. Que ce soit à la maison, en politique, ou au travail, les femmes certes étaient des individus, mais des individus définis et limités par les règles que la société imposait à leur *genre*.

Entre 1920 et 1930, un quart environ des femmes de plus de seize ans avaient un emploi salarié et l'on vit poindre une certaine glorification de la « *working girl* ». Symbole de la femme au travail, la secrétaire (souvent appelée « *typewriter* », comme sa machine à écrire) combinait indépendance de la jeunesse, goût de la consommation des *flappers*, et idéologie persistante de la femme-compagne. Mais le but ultime vanté par les médias demeurait l'amour, le mariage, et des enfants. De plus, le bouillonnement des « années folles » eut tendance à masquer la dure réalité vécue par les femmes de la campagne ou de la classe ouvrière, que l'euphorie ambiante n'atteignit guère.

L'importance accordée aux apparences, à la concurrence, à la consommation, sapa le progrès des réformes impulsées par des organisations de femmes s'appuyant sur leur force collective. En outre, si les forces contraignantes de la répression victorienne étaient en grande partie levées, celles de la répression gouvernementale et du conservatisme ne firent que s'accroître. La chasse aux Noirs (avec le réveil du Ku Klux Klan), aux juifs, et aux catholiques, était ouverte. Avec les Républicains, les affaires avaient pris place au centre de la vie politique et le Président Calvin Coolidge pouvait lancer son célèbre : « *the chief business of government is business* ». Les propos de Zelda Fitzgerald ici encore illustrent le nouveau *Zeitgeist*. « *Teaching young women to capitalize their natural resources and get their money's worth* », tel était, selon elle, l'objectif de ce nouveau modèle sociologique qu'elle appelait « *flapperdom* ». Lucide, elle ajoutait : « *They are merely applying business methods to being young*[1] ».

Certaines militantes prirent conscience de cette évolution. Ainsi, lors d'une convention de la NAWSA organisée six mois avant la ratification du 19e amendement en 1920, Carrie Chapman Catt fonda la ***League of Women Voters.*** Cette nouvelle organisation se donnait pour mission première une véritable éducation civique des femmes. Le caractère non partisan du groupe était clairement affiché, mais le discours de Chapman Catt illustrait les ambiguïtés et les paradoxes qui fondaient son action. Elle pensait qu'on n'avait plus besoin d'une organisation consacrée spécifiquement à la question des droits de la femme dont la sensibilité suffirait à réformer le monde politique. Son apolitisme contrecarrait les efforts des militantes les plus déterminées. Mais comme elle connaissait tous les rouages du jeu politique, elle incitait les femmes à investir les lieux où tout se jouait, là où elles ne seraient pas les bienvenues, mais où elles devaient s'imposer : « *the real thing in the center, with the door locked tight.*[2] »

Néanmoins, l'esprit de réforme perdura au sein d'organisations religieuses de femmes, de la YWCA, de divers clubs, de la *National Women's Trade Union League*, de la *National Consumers' League* grâce auxquels des avancées purent être enregistrées. Dans ces groupes, des femmes s'activaient pour l'amélioration des conditions de travail, pour une législation sur le travail des enfants, pour l'humanisation des prisons, pour l'aide aux pauvres dans les villes. Une solidarité d'un nouveau type commençait à unir des femmes appartenant à des classes sociales différentes. Une coopération interraciale autour de programmes communs semblait même s'esquisser. En 1920 le *Council for International Cooperation* (CIC) vit le jour, et la pression de la YWCA et de femmes Méthodistes du sud conduisit à la création du ***Women's Committee.*** La coopération demeurait difficile et les résultats concrets furent peu nombreux, mais ces tentatives marquent le début d'une alliance nouvelle entre Noires et Blanches des classes moyennes, notamment dans le Sud où les réticences étaient légion.

1. Cité par Sara Evans, *op. cit.*, p. 179.
2. Cité par Eleanor Flexner, *Century of Struggle*, Harward U. Press, 1975, p. 340.

La victoire politique la plus importante des militantes pendant cette période fut sans doute le *Sheppard Towner Act* de 1921, qui prévoyait l'éducation sanitaire des mères, pour elles-mêmes, et pour les nouveau-nés qui mouraient en grand nombre faute de soins appropriés. Digne d'intérêt également fut la création en 1925 d'un ***Women's Bureau***, fruit des efforts des femmes syndiquées et des réformatrices. Cet organisme, au sein du *Department of Labor*, collectait des informations et incitait le gouvernement à agir dans l'intérêt des femmes au travail. En ce domaine, les forces gouvernementales et la droite politique ne furent pas les seules à s'opposer aux réformatrices. Ainsi l'ensemble des lois, durement gagnées, qui protégeaient les femmes au travail, fut vivement critiqué par certaines féministes du ***National Woman's Party.*** Elles affirmaient que de telles lois conféraient aux femmes un statut d'infériorité et les privaient d'une partie de leurs droits, comme par exemple celui de travailler la nuit. Celles qui avaient œuvré pour ce type de législation furent atterrées par ce qui leur semblait menacer plusieurs décennies d'activisme réformateur. Le désaccord allait atteindre le mouvement féministe à l'échelon national et international et se prolonger jusque dans les années soixante, en un débat que la France de l'an 2000 vient de voir resurgir. Ce conflit idéologique majeur explique en partie l'échec de l'***Equal Rights Amendment (ERA)***, proposé pour la première fois au vote du Congrès Fédéral en 1923 grâce aux efforts obstinés d'Alice Paul. L'épisode valut à cette dernière la « désertion » de Mary Beard, historienne et féministe, qui avait jusqu'ici œuvré à ses côtés.

Tandis que réapparaissait l'idéal domestique, les jeunes femmes des années vingt manifestèrent peu à peu leur intention de pratiquer un féminisme d'un nouveau type, combinant carrière et mariage. Elles dénigraient volontiers la génération des suffragettes. Elles reprenaient les idées avancées par Emma Goldman qui avait déploré que des femmes fissent carrière au péril de leur équilibre physique et psychique : « *Our highly praised independence is after all but a slow process of dulling and stifling woman's nature, her love instinct, and her mother instinct.* » Comme l'expliquait Dorothy Dunbar Bromley dans son article « *Feminist – New Style* » publié par *Harper's Magazine* en octobre 1927 : « *Feminism has become a term of opprobrium to the modern young woman. For the word suggests either the old school of fighting feminists who wore flat heels and little feminine charm, or the current species who antagonize men with their constant clamor about maiden names, equal rights, woman's place in the world, and many another cause*[1] ». Les magazines populaires publiaient des articles de fond sur les nouvelles féministes qui croyaient qu'elles pouvaient *tout* avoir (« *have it all* ») et préféraient d'ailleurs l'étiquette de *New Women*.

On est frappé par la solitude des femmes de cette décennie, dans un monde où la discrimination sexuelle perdurait sous maintes formes tandis qu'elles se nourrissaient de l'espoir de pouvoir gagner sur tous les tableaux sans l'aide d'organisations vigoureuses et structurées. On peut déplorer l'érosion de l'action collective à un moment où il restait beaucoup à faire. Cependant l'apparition de nouvelles libertés, et de nouvelles attitudes, mises en pratique d'un individualisme expérimental, allaient produire à terme des effets bénéfiques. Et surtout il convient de souligner qu'à la fin des années vingt les sphères séparées l'étaient un peu moins.

2. Les années trente : forces et désunion

Avec le début de la Grande Dépression, les Américains avaient d'autres préoccupations que la recherche de plaisir. Au lieu de « *flappers* » avides d'indépendance, on avait besoin de femmes adultes, solides, responsables, susceptibles de soutenir les hommes, de lutter à leurs côtés pour résoudre les problèmes de la survie quotidienne.

Halte aux voleuses d'emplois !

Telles leurs lointaines aïeules, les femmes firent preuve d'ingénieux talents afin de produire à la maison biens et services qui permettaient d'augmenter les ressources du foyer. Mais cette production domestique, ainsi que les mesures sociales prises par le gouvernement, s'avéraient souvent insuffisantes. Nombre de femmes (et même d'enfants) se mirent en quête de travail à l'extérieur,

1. Sur ce point, voir Sara Evans, *op. cit.*, p. 195.

notamment quand leur mari était licencié ou victime d'une baisse de salaire importante. Elles furent vite accusées de voler le travail des hommes. Ainsi dès 1931 un homme écrivait-il à son député : « *This... is nature's decree... I do not believe we are again to have normal and prosperous times until women do return to their homes.*[1] » Boucs émissaires tout désignés, les femmes au travail (surtout quand elles étaient mariées) se heurtèrent à l'hostilité d'une opinion qui les rendait responsables du chômage, quand ce n'était pas de la crise.

Plusieurs États, ainsi que des municipalités, ou l'administration de certaines écoles, passèrent lois et règlements visant à interdire ou à limiter l'emploi des femmes mariées. Au niveau fédéral, en 1932, la section 213 de l'*Economy Act* stipula que les femmes dont l'époux travaillait pour le gouvernement devaient être licenciées. Certaines femmes allèrent jusqu'à cacher leur mariage et leur alliance dans l'espoir de trouver un emploi. Les femmes célibataires connurent elles aussi de terribles difficultés : on compta jusqu'à 75 000 femmes célibataires sans ressources et sans logement dans les seules rues de New York. Pendant toute la Dépression, la misère des femmes demeura pratiquement invisible : comme la femme n'était pas censée occuper un emploi, la « femme au chômage » devenait une sorte d'oxymore.

La proportion de femmes ayant accès à une véritable carrière était passée de 11,9 à 14,2 % dans les années vingt. Mais seule une poignée d'entre elles devinrent médecins, juristes, architectes, ingénieurs, ou femmes d'affaires. La résistance des hommes était vive, et entre 1925 et 1945 nombreuses étaient les écoles de médecine américaines qui limitèrent à 5 % le nombre de femmes autorisées à s'inscrire.

Quand la *flapper* disparut de la culture populaire, avec elle s'envola l'espoir d'une libération sexuelle. Le nombre des naissances diminua, mais le nombre des mariages augmenta, comme si l'amour devenait antidote à la misère et à la solitude. La perception culturelle de la femme comme épouse et comme mère retrouva toute sa vigueur. Ce repli sur la vie privée était loin cependant d'impliquer l'harmonie des couples. À l'intérieur du « refuge » familial, les rôles

1. Cité par Sara Evans, *op. cit.*, p. 201.

sociaux traditionnels de l'homme et de son épouse ne pouvaient plus fonctionner, d'où de vives tensions. Les femmes devaient maintenant se montrer fortes, mais les hommes, « *breadwinners* » défaillants, éprouvaient une sourde colère à l'idée de ne plus pouvoir subvenir seuls aux besoins de leur famille. Quelques films de l'époque mettaient en scène la violence verbale et/ou physique qui s'exerçait à l'encontre des femmes. *Public Enemy (1931)* dans lequel James Cagney jetait un pamplemousse au visage de Mae Clark fit la joie de Gilbert Seldes, critique cinématographique, qui perçut dans cette scène le retour d'une virilité mise à mal par le féminisme et la Dépression[1]. Que dire également du célèbre *Gone With the Wind* (1936) et de la manière dont la fière Scarlett O'Hara est finalement domptée par la violence d'un Rhett Butler ? Loin de rapprocher hommes et femmes, l'adversité conduisit à une sorte de guerre des sexes.

Eleanor, Molly, Frances, Mary, et les autres...

L'élection de Franklin Delano Roosevelt à la présidence des États-Unis en 1932 entraîna un changement spectaculaire quant au **rôle des femmes en politique**. Les causes pour lesquelles certaines d'entre elles avaient milité dans diverses organisations réformatrices dans les années vingt se mirent à coïncider avec les préoccupations de la nation. Elles avaient donc été bien préparées à jouer quelques rôles clés, longtemps minimisés, voire tus, par les historiens, dans l'élaboration et la mise en pratique du New Deal. Et pourtant Eleanor Roosevelt, Molly Dewson, Frances Perkins, Mary Anderson, et bien d'autres découvrirent rapidement que leur combat antérieur les situait à la pointe de l'effort national entrepris pour surmonter la crise et en corriger les effets. Ainsi un groupe de femmes, amies de longue date, unies par des objectifs communs, put accéder à des fonctions importantes.

Dans ce groupe, **Eleanor Roosevelt** sut tirer parti de sa situation de Première Dame des États-Unis, et exerça une influence de premier plan. Après avoir mis au monde cinq enfants, elle s'était tournée depuis plusieurs années vers l'action réformatrice, puis

1. Sara Evans, *op. cit.*, p. 198.

politique. Elle donnait des conférences de presse auxquelles seules les femmes journalistes étaient admises, dans l'espoir que les journaux traitent enfin sérieusement les problèmes des femmes. Elle participait à des émissions de radio, écrivait des articles pour les magazines féminins, et publia régulièrement une chronique, « *My Day* », consacrée aux problèmes des femmes, des enfants, et des minorités. Pour la première fois une Première Dame parlait en son propre nom, et pour la première fois aussi les groupes marginaux avaient un(e) porte-parole à la Maison Blanche.

Molly Dewson de la *National Consumers' League* fut nommée par FDR à la tête de la *Women's Division of the Democratic National Committee*. Elle sut à ce titre organiser une base solide pour le parti, et, par l'intermédiaire d'Eleanor Roosevelt, elle suggéra au Président le nom de femmes aptes à occuper des postes importants. Certaines se virent ainsi confier des rôles de premier plan, non seulement dans le Cabinet présidentiel, mais aussi dans le domaine de la justice, où Florence Allen fut la première femme membre de la *United States Court of Appeals*, et dans celui des affaires étrangères, où Ruth Bryan Owen devint la première femme ambassadeur, en mission au Danemark. **Frances Perkins** devint ministre du Travail (Secretary of Labor), et fut la première femme à occuper un poste ministériel. Pendant son ministère, le *Women's Bureau* dirigé par **Mary Anderson** et le *Children's Bureau* dirigé par **Grace Abbott** furent à l'origine de nombreuses initiatives par et pour les femmes. **Mary Mc Leod Bethune** dirigea les affaires relatives aux Noirs pour la « *National Youth Administration* » entre 1936 et 1944, et permit à tout un réseau de femmes noires d'accéder à des postes administratifs importants. Elle devint l'élément moteur non officiel du « *Black Cabinet* », groupe de fonctionnaires des administrations fédérales qui prodiguaient à Franklin Roosevelt des conseils informels.

Cependant, malgré la percée de certaines femmes en politique à la faveur du New Deal et de son initiateur, les années trente se caractérisèrent par l'absence de mouvement exprimant les préoccupations et les besoins spécifiques des femmes. En dehors de l'administration chargée de la mise en application du New Deal, et en dehors de la garde rapprochée d'Eleanor Roosevelt, les militantes ne pouvaient guère s'appuyer sur un réseau de soutien émanant des autres femmes.

L'Association des Femmes du Sud pour la prévention du lynchage (*Association of Southern Women*) fondée et dirigée par Jessie Daniel Ames, représenta l'une des dernières chances pour les femmes de développer un réel pouvoir organisationnel en dehors des couloirs de la Maison Blanche. La méthode de fonctionnement en était très disciplinée, et très centralisée. Mais son déclin en 1942 prouva les limites de la « sous-culture » féminine comme force d'organisation au milieu du XXe siècle. Certes, au sein du parti communiste des années 1930, et de quelques cercles radicaux, on débattait de la question des femmes ; mais, dans le contexte de la révolution socialiste, le féminisme faisait figure de réformisme bourgeois. Si les femmes jouèrent un rôle mobilisateur important dans les conflits du travail des années trente, les syndicats n'en continuèrent pas moins à considérer que l'organisation des travailleuses était un problème secondaire. En 1940, 800 000 femmes étaient syndiquées (trois fois plus qu'en 1930). Néanmoins la plupart du temps les syndicats considéraient que la place de la femme était à la maison, et non à l'usine. Ils restaient dominés par les hommes et les préjugés culturels sur le travail des femmes perduraient, englués dans des stéréotypes difficiles à éradiquer.

Malgré l'émergence de quelques figures exemplaires durant cette période, il manquait aux femmes l'aide indispensable de solides groupes de défense. Résoudre les problèmes qui se posaient à elles ne constitua donc pas une priorité. Hostilité et discrimination triomphaient, là où l'on aurait pu s'attendre à une certaine solidarité des sexes face à l'adversité.

3. La Seconde Guerre mondiale : « *The Great Divide*[1] »

Le triomphe de Rosie

Après l'attaque japonaise de Pearl Harbor (décembre 1941) la guerre fit irruption dans la vie des Américains, et nombre d'activités jugées jusqu'alors inconvenantes pour les femmes se métamorpho-

1. Emprunt à Betty Friedan, *The Feminine Mystique*, London : Penguin, 1963, p. 132.

sèrent en devoirs patriotiques qu'elles se devaient d'assumer. La relance économique, et le départ des hommes pour le front, modifièrent totalement le discours qui leur était tenu. Pendant la crise économique l'embauche des femmes mariées avait été prohibée dans 26 États, et l'on culpabilisait les « voleuses d'emplois ». Dix ans après, on les persuadait de chercher du travail dans les plus brefs délais.

Habituées qu'elles étaient depuis longtemps à se livrer à des activités bénévoles, beaucoup décidèrent avec enthousiasme de travailler pour la Croix-Rouge, de conduire des ambulances, ou de s'occuper de la nourriture et des loisirs des soldats. Très vite il fallut également remplacer les hommes dans les bureaux, mais aussi dans les usines. L'industrie lourde à elle seule créa deux millions d'emplois pour les femmes. Nombreuses furent celles qui travaillaient dans les chantiers navals, l'industrie aéronautique, les usines de fabrication d'automobiles, encouragées en cela par une importante campagne gouvernementale soutenue par les médias et la publicité. Le très conservateur *Ladies Home Journal* lui-même n'hésitait pas à montrer en couverture des femmes pilotes ou mécaniciennes qui avaient troqué leurs jupes pour bleus de travail et salopettes. En 1942, une chanson populaire mit en scène « Rosie the Riveter », ouvrière de l'industrie de l'armement, dont le patriotisme servit de modèle à maintes femmes soucieuses de l'avenir de leur pays. Héroïne nationale, nouvelle star des médias, elle inspira en particulier à Norman Rockwell un tableau publié en couverture du *Saturday Evening Post* le 29 mai 1943. Cette vigoureuse Rosie, bien coiffée, bien pomponnée, lèvres peintes et ongles vernis, incarnait, au cœur d'une activité « virile », la sauvegarde d'une certaine féminité.

Dès le début de la guerre, le besoin de main-d'œuvre se fit sentir jusque dans l'armée, incitant des organisations de femmes à revendiquer le droit de servir plus directement encore leur pays. Ainsi en 1942 et 1943 quelques secteurs réservés aux femmes virent le jour, tels WACs (*Women's Army Corps*), WAVES (*Women Appointed for Voluntary Emergency Service*) dans la marine, ou MCWR (*Marine Corps Women's Reserve*) chez les « marines », sans compter les services de santé. Dans le secteur de l'armement, le gouvernement fédéral se montra favorable au principe « à travail égal salaire égal ». Pour la première fois les syndicats accordèrent leur soutien à cette idée, craignant que les femmes se contentent de bas salaires qui pousseraient les employeurs à les préférer aux hommes après le conflit. Parce que l'on avait cruellement besoin d'elles, les salaires versés aux femmes étaient plus élevés et leurs conditions de travail meilleures que jamais auparavant. Les femmes mariées, les femmes noires, et les femmes d'un certain âge, furent les principales bénéficiaires de ce nouvel ordre du monde.

Tout n'était pas rose cependant. Dans l'armée on distinguait clairement entre les tâches que l'on confiait aux hommes et celles confiées aux femmes. On évitait de placer les femmes à des postes où elles seraient amenées à donner des ordres aux hommes. On interdit le recrutement des mères de famille, les lesbiennes furent victimes de persécution, et les femmes noires de ségrégation. Dans le civil, pour les mères de jeunes enfants, les problèmes étaient redoutables. Contrairement à ce qui se passa en Grande-Bretagne à la même époque, elles ne furent aidées en aucune manière. Pourtant l'Amérique vécut alors son premier « *baby-boom* » : le redressement économique du pays et le *Selective Service Act* de 1940 qui exempta pour un temps les pères de famille de service militaire entraînèrent une hausse sensible de la natalité. Quand les hommes commencèrent à être mobilisés, le nombre de mariages augmenta considérablement et, avec lui, celui des « *good-bye babies* ». Quand enfin en 1943 la *Federal Works Agency* créa crèches et garderies pour les femmes qui travaillaient pour l'armée, l'offre fut très inférieure à la demande. La presse se fit alors l'écho de drames fréquents survenus à des enfants laissés sans surveillance.

Malgré tout, Rosie n'était pas seulement riveteuse. Elle était aussi épouse et mère. Pour la première fois la majorité des femmes au travail étaient des femmes mariées dont les Américains dans leur ensemble reconnaissaient le droit au travail. En l'espace de quatre ans, six millions de femmes jusque-là non salariées prirent un emploi. Au début de la guerre, 95 % des femmes interrogées déclaraient avoir la ferme intention de cesser leur activité après le retour des hommes. À la fin de la guerre, elles avaient changé d'avis : plus de 80 % d'entre elles souhaitaient continuer à travailler, notamment (mais pas seulement) parce qu'elles avaient besoin d'argent. Quelques voix s'élevèrent, comme celle de l'économiste Theresa Wolfson, espérant qu'après la guerre ces femmes ne seraient pas mises au rebut comme « de vieilles chaussettes » (« *like old gloves* »). C'est pourtant ce qui leur arriva.

Rosie, go home!

Quelque quatre millions de femmes perdirent leur emploi en moins d'un an. En 1946 l'industrie lourde avait licencié deux millions d'entre elles. Les grandes entreprises renouèrent avec leur politique d'hostilité à l'embauche des femmes mariées. Pendant près de cinq années les femmes avaient permis aux chaînes de production de continuer à fonctionner. Soudain on leur disait que la tâche était au-dessus de leurs forces. La presse entretenait savamment la crainte qui taraudait les hommes : après avoir goûté à l'indépendance, leur femme accepterait-elle de continuer à s'occuper de la maison... et d'eux ?

Au lendemain de la guerre, les femmes durent laisser la place aux hommes rentrés du front : elles avaient été tolérées temporairement, et désormais le principe « *last hired first fired* » que les Noirs connaissaient bien s'appliquait à elles aussi. Elles furent cantonnées dans des emplois « féminins » (bureaux et services essentiellement), sans aucun espoir d'accéder aux postes d'autorité et de responsabilités qui assuraient argent et prestige. Les hommes devaient retrouver leur position de gagne-pain et si leurs femmes travaillaient, leur salaire ne pouvait être qu'un salaire d'appoint. À travail égal les salaires n'étaient pas égaux, et les femmes qui s'en plaignirent au Service américain chargé des questions d'emploi (*US Employment Service*) découvrirent avec stupeur que s'agissant des postes qui leur restaient accessibles, leur salaire représentait la moitié de ce qu'elles avaient gagné dans les secteurs liés à la défense pendant la guerre.

Malgré les incitations à retourner chez elles, le nombre de femmes salariées ne cessa d'augmenter pendant la période de l'après-guerre. Mais cette évolution se heurtait au vent contraire d'une nouvelle définition de la maîtresse de maison. Les enfants devaient constituer le centre de sa vie, elle était censée adhérer à l'esprit consumériste de l'époque, et assumait la totale responsabilité du travail domestique.

Ce regain d'idéalisation de la femme au foyer faisait l'objet de débats vigoureux. On dénonçait le rôle néfaste des mères possessives accusées de dévorer leurs enfants, et notamment leurs fils, qu'elles rendaient immatures et psychologiquement instables. Pour ces mères « castratrices » qui s'acquittaient si mal de leur devoir, on inventa le terme de « *momism* ». Depuis sa sortie en 1942, l'ouvrage de Philip Wylie, *Generation of Vipers*, avait propagé l'idée que si l'homme était devenu pathétique et inconsistant, « *Mom* » en était la cause.

L'heure n'était guère à l'optimisme malgré la fin de la guerre. Le nombre de morts, la découverte du mal absolu que représentait le nazisme, tous ces traumatismes ne disparurent pas du jour au lendemain. De nouveaux dangers semblaient menacer les Américains avec le début de la guerre froide. La peur du communisme, habilement orchestrée, assura la victoire de Truman aux élections de 1948. La « chasse au rouge » était déjà bien lancée, et dans ce contexte la famille était présentée comme le rempart le plus efficace, havre de sécurité et de stabilité. Le nombre de mariages et le taux de natalité atteignirent des sommets, et l'on se mariait de plus en plus tôt. Tout au plaisir des retrouvailles, les jeunes Américains rêvaient des joies paisibles du foyer, et d'une vie privée protégée par le cadre idyllique des banlieues dont l'aménagement était amorcé. Tout concourait à l'avènement d'un « splendide » isolement.

Grande était en ce temps-là l'influence de Marynia Farnham (psychanalyste) et Ferdinand Lundberg (sociologue), auteurs en 1942 de *Modern Woman : The Lost Sex.* Dans cet ouvrage à succès, ils affirmaient que seul le retour au foyer, prolongement du sein maternel, pouvait rendre son équilibre à la femme, et contrecarrer le climat d'hostilité qui envahissait le monde. Adeptes de Freud, ils attribuaient tous les problèmes sociaux à des névroses, pour la plupart imputables à certains comportements féminins. Pour eux le féminisme était une maladie grave engendrée par l'envie du pénis, alors que la seule véritable sexualité pour la femme résidait dans la maternité.

À l'issue de la Seconde Guerre mondiale, les femmes étaient dépourvues d'une force collective qui leur eût permis de se définir comme groupe, et de résister à un ordre social qui comptait sur elles tout en restreignant leurs possibilités d'action. La figure de *Rosie the Riveter* avait paru symboliser le gommage des différences et inégalités de genre, mais ce n'était que le temps d'une guerre.

Résistance : un rêve compromis

Il subsistait quelques vestiges du mouvement féministe du début du siècle, comme le *National Woman's Party* : mais les militantes, peu nombreuses, étaient isolées. La *League of Women Voters* évitait d'inscrire à son programme des points trop visiblement liés au sort des femmes, de peur d'être accusée de lutter égoïstement pour ses propres intérêts et pour des idées dépassées. Bon terrain d'entraînement pour celles qui plus tard feraient renaître le mouvement de ses cendres, elle se tenait pour l'instant à distance des partis politiques. Paix, prospérité, et sécurité nationale, étaient désormais ses priorités affichées. Les réseaux de femmes qui, au gouvernement, s'étaient formés pendant le New Deal et avaient œuvré pour des réformes sociales, avaient été mis sous le boisseau pendant la guerre. Dès le début de la présidence de Truman l'accent porta sur le nouveau rôle que l'Amérique comptait jouer comme superpuissance dans le monde de l'après-guerre.

Quelques fortes personnalités firent exception pourtant à cette amnésie collective. Ainsi Eleanor Roosevelt mena croisade en faveur des droits de la personne humaine et joua un rôle central dans l'élaboration, en 1948, de la Déclaration Universelle des Droits de l'Homme. Pour quelques groupes isolés, les droits de la femme, et son aspiration à l'égalité, étaient encore à l'ordre du jour. Parmi eux le *Women's Bureau* du syndicat des travailleurs de l'automobile (« *United Auto Workers* »). Au congrès de 1946, en particulier, les déléguées dénoncèrent la classification des emplois selon les catégories « hommes » « femmes », et firent remarquer que bien des emplois « masculins » pouvaient en réalité être aisément assurés par des femmes. Remarquable pour sa défense des femmes de la classe ouvrière, la branche femmes du syndicat l'était aussi pour sa direction inter-raciale depuis toujours. Elle approuva le lancement par le Conseil National des Femmes Noires (*National Council of Negro Women*) sous l'impulsion de Mary Mc Leod Bethune, d'une coalition inter-raciale d'organisations de femmes, à laquelle participèrent des organisations religieuses, la YWCA, et la *National Women's Trade Union League*. Ces groupes constituaient un espace de réflexion très appréciable où repenser le sens de l'« être-femme » (« *womanhood* ») indépendamment des distinctions de races et de classes. En revanche la *League of Women Voters* les *Business and Professional Women*, et l'*American Association of University Women* refusèrent de s'associer à la lutte contre la discrimination ou à la participation à des coalitions inter-raciales.

On le voit, les groupes initialement créés pour la défense des droits des femmes avaient perdu de leur force. Isolés, mal organisés, ils étaient également divisés, ce qui allait engendrer les multiples déceptions et contradictions qui marquèrent la décennie suivante.

4. Les années cinquante et la « femme mystifiée[1] »

Retour de l'éternel féminin

Une propagande bien orchestrée remit au goût du jour les stéréotypes du XIXe siècle dans le cercle très privé de la famille nucléaire restaurée. La mode *New Look* lancée par Christian Dior dès 1947 accentuait la rigidification des traits distinctifs de chacun des deux sexes. L'ouvrage de Farnham et Lundberg continuait à faire école dans sa dénonciation de la masculinisation menaçant les femmes qui faisaient carrière, et jetait l'opprobre sur ces femmes castratrices, incapables d'aimer. Les personnages de femmes dynamiques, autonomes, actives, les « Nouvelles Femmes » mises en scène à la veille de la guerre par des magazines comme *The Ladies Home Journal, Mc Call's, Good Housekeeping,* ou le *Woman's Home Companion,* disparurent de ces publications qui désormais méritaient leurs noms. La suppression en 1952 de la Division Femmes (« *Women's Division* ») du parti Démocrate témoigne de la réapparition de la barrière entre vie privée et vie publique, résurgence d'un autre âge. Cette séparation s'inscrivait jusque dans l'espace, avec l'exode, vers les banlieues de rêve, des mères de jeunes enfants qui s'y trouvèrent isolées toute la journée pendant que les hommes étaient au travail.

1. Titre de la traduction en français par Yvette Roudy (Gonthier : Paris, 1964) de *The Feminine Mystique*, de Betty Friedan. Les principaux éléments de la synthèse ici proposée s'inspirent de cet ouvrage.

On se berçait des charmes trompeurs de l'« être-ensemble », nouvelle valeur pour laquelle *Mc Call's* créa le néologisme lénifiant de « *togetherness* », pâle substitut au rêve d'égalité qu'avaient caressé les dames du temps passé.

S'ouvrit alors une période de mariages précoces et de familles nombreuses. *Life* se réjouit de constater que les femmes qui naguère rêvaient de faire carrière avaient maintenant pour carrière la mise au monde de nombreux bébés. La cuisine reprit sa place centrale dans la vie des femmes. Dans les banlieues « chic », les femmes aisées qui avaient le plus souvent un niveau d'études supérieur à celui des femmes des grandes villes devenaient maîtresses de maison à plein temps, censées puiser dans ce statut un bonheur de tous les instants. Comme le fit remarquer Adlai Stevenson, conscient de leur isolement et de leur frustration, dans un discours de 1955, on leur avait appris à écrire de la poésie, mais elles rédigeaient des listes de courses et des notes de blanchisserie.

En fait, entre 1945 et 1963, la seule éducation jugée utile aux « vraies » femmes était celle qui leur permettrait de trouver le prince charmant et d'avoir des enfants. Leurs mères et grands-mères avaient lutté pour avoir accès à une éducation de valeur. Les universités étaient devenues accessibles aux jeunes filles qui furent nombreuses à les fréquenter. Mais la plupart d'entre elles comptaient surtout s'y trouver un époux. Au milieu des années cinquante, 60 % des jeunes filles quittaient l'université sans diplôme, soit pour se marier, soit parce qu'elles étaient convaincues que trop d'instruction effaroucherait les maris potentiels. Dans certains établissements universitaires où l'on créa des chambres pour couples mariés, c'était le mari qui poursuivait ses études. À défaut d'un PhD, l'épouse, elle, préparait ce que Betty Friedan allait appeler PhT (*Putting Husband Through*)[1].

Malgré cette glorification du foyer, les femmes blanches mariées et mères de famille investissaient de plus en plus le marché du travail. Elles représentaient 17 % de la population active en 1950, mais 30 % en 1960. Dans le meilleur des cas cependant, elles arrivaient à se faire une place dans l'enseignement et les métiers de la

1. Betty Friedan, *op. cit.*, p. 14.

santé, et leur salaire, en moyenne égal à 65 % de celui des hommes pour le même travail en 1950, n'était plus que de 60 % en 1960. Les postes de pouvoir demeuraient pour elles inaccessibles, et pour le même type d'emploi on exigeait d'elles le plus souvent un niveau d'étude bien supérieur à celui des hommes. Les emplois féminins, et le travail des femmes dans son ensemble, étaient gravement dévalorisés, les perspectives de promotion étaient inexistantes : à nouveau la discrimination à l'encontre des femmes dominait le monde du travail.

L'Amérique a peur

La peur de la Russie, et les crispations de la guerre froide, furent exacerbées par quelques mauvaises nouvelles venues de l'étranger. La bombe que les Soviétiques firent exploser en 1949 engendra le spectre d'une guerre atomique. La révolution aboutit en Chine à la victoire du communisme. En 1950 l'invasion de la Corée du Sud par la Corée du Nord précipita les États-Unis dans une nouvelle guerre.

Au Congrès, le *House Committee on Un-American Activities* (HUAC) tenta de persuader l'opinion que l'ennemi était à l'intérieur, incarné par les communistes et autres éléments subversifs dont il convenait de se débarrasser au plus vite. À de telles peurs s'ajouta celle de changements redoutés quant à la place des femmes dans la société : il devenait urgent de réaffirmer certaines normes sexuelles.

C'est d'ailleurs devant un public de femmes, membres d'un club de femmes du parti Républicain, (« *Women's Republican Club* ») à Wheeling, qu'en 1950, dans un discours mémorable, le Sénateur Joe Mc Carthy lança sa « chasse aux sorcières », essentiellement chasse aux enseignants dont ils pensaient qu'ils étaient en majorité des femmes. On citait volontiers pendant cette période les propos de Joseph Hanna, professeur à l'Université Columbia selon lequel : « *The girls' schools and women's colleges contain some of the most loyal disciples of Russia. Teachers there are often frustrated females. They have gone through bitter struggles to attain their positions. A political dogma based on hatred expresses their personal attitude.*[1] » Boucs émissaires de choix, entre 1950 et 1954 des centaines de femmes durent compa-

1. Cité par Sara Evans, *op. cit.*, p. 244.

raître devant l'HUAC. Les homosexuels, dénoncés comme « *sexual perverts* », ne furent pas épargnés, et le harcèlement par la police des bars fréquentés par les « *gays* » et les lesbiennes devint monnaie courante. De cette chasse aussi Mc Carthy était le grand ordonnateur, persuadé qu'il était qu'un seul homosexuel suffisait à polluer tout un service, fût-il gouvernemental. Ce n'était pas seulement la déviance qui inquiétait Mc Carthy et ses frères en idéologie : confusément régnait une peur de la sexualité en général, surtout quand elle devenait trop visible chez les femmes. « *Bombshells* » (femmes-canons et/ou bombes sexuelles) était la métaphore utilisée pour désigner les femmes particulièrement « sexy ». Quand Margaret Chase Smith, alors Sénateur du Maine, eut l'audace de se livrer à une critique du Mc Carthisme dans sa « Declaration of Conscience » en juin 1950, ses opposants ne l'appelèrent plus que « *Snow-White* » (Blanche-Neige) et les sénateurs qui la soutenaient devinrent ses « nains ».

Suprême ironie, et nouveau paradoxe : la femme, menace à la sécurité de la nation, était dans le même temps garante de la paix et de la stabilité, non seulement de sa famille mais du pays tout entier, ainsi que l'affirmait telle page de l'*Atlantic Monthly* qui voyait dans la mission maternelle un moyen de « *restore security in our insecure world* ».

Résignation et désarroi

Les jeunes femmes des années cinquante eurent tendance à intérioriser l'idéologie propagée à leur sujet et à leur encontre, et n'éprouvaient souvent que de la pitié pour leurs mères et grands-mères qui avaient aspiré à de vrais métiers. Au milieu de la décennie, les sondages montrèrent que de tels rêves avaient vécu, et l'expression « *career woman* » frôlait et fleurait souvent l'obscénité[1]. Le magazine *Life* y voyait une erreur fatale propagée par les féministes. Les femmes se consolaient de leurs bas salaires et de leurs emplois sans avenir en se persuadant que là ne se logeait pas leur véritable identité. Les femmes célibataires elles non plus ne se prenaient pas au sérieux leur statut de femmes au travail : la seule

1. Betty Friedan, *op.cit.*, p. 35.

image d'elles-mêmes qu'elles entretenaient était celle de futures épouses et mères. Tandis que la vie économique de l'après-guerre reposait sur les femmes et leur aptitude à consommer, elles n'étaient pas prêtes à remettre en question la double exploitation dont elles étaient victimes, au travail comme à la maison.

La seule véritable association féministe qui survécut à la guerre fut le *National Woman's Party*. Mais il s'agissait d'une version très édulcorée de l'organisation créée par Alice Paul. Son siège était maintenant proche du Capitole, et ses 30 000 membres appartenaient surtout à une élite de femmes ayant fait carrière et exerçant une profession libérale. Plus club que parti, l'organisation restait malgré tout attachée à l'*Equal Rights Amendment* qu'elle présentait régulièrement au Congrès. L'amendement paraissait plus nécessaire que jamais. Ainsi quand les femmes médecins qui avaient exercé leur art pendant la Seconde Guerre mondiale réclamèrent un salaire égal à celui de leurs confrères, invoquant pour cela le 14e amendement à la Constitution et sa garantie d'une « égale protection des lois », il leur fut répondu par le ministère de la Justice que dans ce texte le mot « person » n'incluait pas les femmes. Indignées, elles baissèrent cependant assez vite les bras. On se livrait à des débats plus qu'à des combats. Même si le *National Woman's Party*, ou la *National Federation of Business and Professional Women*, dans leur insistance sur la nécessité de l'ERA, étaient plus ambitieux que le *Women's Bureau*, de tels groupes représentaient une forme de féminisme respectable, respectueux et réformiste. *Equal Rights*, journal du NWP, pratiquait une sorte de lobbying mondain. Son grand mérite était d'entretenir la flamme bien vacillante de combats révolus. Mais, signe des temps, il cessa de paraître en 1954.

Il y eut cependant quelques exceptions à cette apparente résignation. Ainsi en 1950 les Chicanas qui travaillaient dans les mines de sel du Nouveau Mexique organisèrent un mouvement de grève et de contestation qui conduisit certaines d'entre elles en prison mais servit d'exemple à leurs maris et à leurs frères initialement moins offensifs. De son côté, le *United Auto Workers' Women's Bureau* élabora tout un programme de changements importants tout au long des années cinquante. Il eut le mérite, entre autres choses, de mettre en lumière le mécanisme par lequel les lois qui protégeaient la femme au travail se retournaient contre elle et servaient la cause de la discrimination sexuelle. Les lesbiennes, elles aussi, commençaient à réagir. Le 21 septembre 1951, Del Martin et Phyllis Lyon (couple de lesbiennes de San Francisco) organisèrent la réunion fondatrice des *Daughters of Bilitis* (DOB). Unissant leurs efforts à ceux d'autres mouvements pour la défense des droits des homosexuels, elles sortirent peu à peu de leur invisibilité. Tel fut aussi le cas des femmes noires. Elles avaient goûté à une plus grande égalité pendant la guerre, et entretenu diverses formes d'activisme au sein des églises du Sud où elles puisèrent la force d'enseigner à leurs enfants la fierté d'être noir comme antidote à la ségrégation. Avec leur famille, elles émigrèrent souvent vers les grandes villes où elles luttèrent pour la défense de leurs droits de citoyennes et d'Américaines. Parmi elles Ella Baker, et Rosa Parks, allaient marquer l'histoire de leur communauté, mais aussi celle de l'Amérique blanche. Toutes deux organisèrent des filiales de la NAACP en Alabama où Rosa Parks (secrétaire de la NAACP) allait à elle seule déclencher en 1955 le mouvement pour les droits civiques en refusant de laisser sa place assise à un Blanc dans un autobus de Montgomery.

Les années cinquante furent donc marquées par toutes sortes de contradictions. La « *feminine mystique* » qu'allait analyser Betty Friedan n'était qu'une version édulcorée de la maternité républicaine prônée à l'époque de la Révolution américaine. Version dépolitisée également puisque le privé l'emporta sur le public, sur l'intérêt pour la vie de la cité (polis) qui fonde le politique. Avec le radicalisme qui la caractérisait alors, Shulamith Firestone, parla de « *fifty-year ridicule* » à propos de la période comprise entre la première vague de féminisme et les années soixante[1]. Verdict excessif sans doute. Il n'en est pas moins vrai, comme en témoigne une femme interviewée par Betty Friedan, que :

> *In the past 60 years we have come full circle and the American housewife is once again trapped in a squirrel cage. The situation is no less painful than when her*

1. Shulamith Firestone, *The Dialectic of Sex*, New York : Morrow, 1970, p. 27 et 33.

> *grandmother sat over an embroidery hoop, in her gilt-and-plush parlor and muttered angrily about woman's rights.*[1]

Jugement lucide, à cela près que la femme des années cinquante dans la plupart des cas ne se battait plus guère pour ses droits, et qu'elle avait perdu jusqu'à l'envie de bougonner.

Il était temps qu'on vienne la réveiller.

1. Betty Friedan, *op. cit.*, p. 25. L'interviewée était titulaire d'un doctorat en anthropologie, mais mère au foyer d'une famille de trois enfants dans le Nebraska au moment de l'entretien.

Chapitre 4

DEUXIÈME VAGUE

It is a mystery, the whole thing – why it happened – how it started. What gave any of us the courage to make that leap ?[1]

1. Renaissance d'un mouvement : la femme démystifiée

Pourquoi (« *why it happened* ») ?

Quand, en 1963, Betty Friedan publia *The Feminine Mystique*, le féminisme faisait figure de vestige d'un lointain passé. Seule survivait dans la mémoire collective l'image de suffragettes enragées et défraîchies. À tel point que Betty Friedan jugea utile d'évoquer les exploits des dames du temps jadis dans « The Passionate Journey », chapitre 4 de son livre.

Pourtant, à la fin des années cinquante et au début des années soixante, maintes contradictions rendirent la réémergence du féminisme inéluctable. Les femmes avaient des droits garantis par la loi, elles pouvaient voter, mais elles étaient dépourvues de tout pouvoir politique. Elles avaient accès plus facilement à une éducation de qualité, mais elles n'étaient pas censées s'en servir. On reconnaissait à la femme une sexualité, mais tout entière codifiée par les hommes. 40 % des Américaines occupaient un emploi à temps complet en dehors de leur foyer, mais seules leurs qualités d'épouses et de mères définissaient leur identité.

Autre élément catalyseur, la pilule contraceptive fut autorisée à la vente en 1960, permettant la dissociation entre vie sexuelle et procréation, et la liberté pour la femme de limiter dans le temps la période de sa vie où elle aurait des enfants. Ainsi au milieu des années soixante, les femmes donnaient naissance à leur dernier

1. Betty Friedan, « *It changed My Life* », New York : Dell, 1977, p. 3.

enfant avant l'âge de vingt-huit ans. Quel sens dès lors accorder aux nombreuses années qui leur restaient à vivre, si le seul rôle qu'on leur reconnaissait était celui d'enfanter ?

Alors que les sociologues dans leur ensemble persuadaient les femmes qu'elles devaient s'adapter à ces contradictions que leur imposaient leur devoir de féminité, Betty Friedan s'efforça de leur ouvrir les yeux. Selon elle, c'était la société qui devait s'adapter à la vie des femmes et non les femmes à la société. Elle réussit, dans *The Feminine Mystique,* à mettre en mots le « problème qui n'a pas de nom[1] », le vague à l'âme et le désenchantement de celles qui se trouvaient prises au piège de l'isolement domestique et du surmenage dans ces banlieues dont elles avaient rêvé. Mises à l'écart de la vie publique par une existence passive et infantilisante, ces femmes aisées, souvent bardées de diplômes, plus instruites que les femmes des grandes villes, étaient devenues maîtresses de maison à plein temps. « *Occupation : Housewife* » résumait leur statut et rythmait leur frustration.

Certes, des signes positifs émanèrent du gouvernement après l'élection de John Fitzgerald Kennedy. Ainsi, à la tête du *Women's Bureau*, il nomma Esther Peterson : au début des années trente elle avait travaillé pour la Bryn Mawr Summer School ouverte aux ouvrières, et à Washington, plusieurs années durant, défendit les intérêts des femmes syndiquées[2]. Elle poussa le Président à créer, dès 1961, la « *President's Commission on the Status of Women* » avec, à sa tête, Eleanor Roosevelt. C'était la première étude de ce genre diligentée par le gouvernement, premier pas vers une réelle prise de conscience de la situation des femmes.

En 1963 on passa l'*Equal Pay Act* à l'issue d'un long combat. Pour la première fois le gouvernement fédéral réglementait les pratiques discriminatoires des employeurs privés à l'encontre des femmes. La même année, la Commission sur le Statut de la Femme publia son rapport (« *Report on American Women* »), assorti de 24 propositions pour mettre fin à la discrimination sexuelle. En 1964, la loi sur les Droits Civiques (« *Civil Rights Act* »), en son titre VII (« *Equal Employment Opportunity* »), interdisait à l'embauche, sur les lieux de

1. « The Problem that Has No Name », titre du chap. 1.
2. Sara Evans, *op. cit.*, p. 274.

travail, et dans le domaine des salaires, toute discrimination fondée sur la « race, la couleur, la religion, le sexe ou l'origine nationale ».

Égalitaires en apparence, ces mesures ne reposaient pas toujours sur la seule intention d'améliorer la situation des femmes. Ainsi aux beaux gestes de J. F. K. se mêlaient des préoccupations électoralistes. La guerre froide incitait les dirigeants du pays à imiter l'URSS qui avait su tirer parti des forces vives représentées par les femmes. On souhaitait aussi faire obstacle à l'Amendement des Droits Égaux (ERA) que le *National Woman's Party* continuait de proposer régulièrement : la Commission sur le Statut des Femmes en avait en effet rejeté l'idée au motif que les 5e et 14e amendements assuraient déjà cette égalité. En 1964, lors des débats sur le *Civil Rights Act*, c'est un député virginien, Howard Smith, âgé de 81 ans, qui avait suggéré l'inclusion du mot « sex » dans le texte de la loi. Peu féministe, il avait voté en 1963 contre la loi sur l'égalité des salaires. Mais il pensait que l'adjonction de « sex » dans un texte destiné tout d'abord à la défense des droits des Noirs discréditerait le projet et entraînerait son échec. Contrairement à ses prévisions, la loi fut adoptée avec l'amendement sur la discrimination sexuelle.

Dans les années soixante, les femmes furent plus nombreuses que tout autre groupe à intenter des actions en justice fondées sur le Titre VII de la loi de 1964. Mais l'*Equal Employment Opportunity Commission (EEOC)*, agence fédérale créée pour recevoir les plaintes et agir auprès des employeurs, déploya peu de zèle dans l'accomplissement de sa mission. Ainsi chacun savait que tant que les petites annonces publiées par la presse proposeraient des emplois étiquetés « pour hommes » ou « pour femmes », les meilleures places seraient toujours offertes aux hommes. L'EEOC cependant ne s'en émut aucunement, décrétant qu'une telle distinction importait peu aux femmes, et qu'il était donc inutile de légiférer en la matière. De tous côtés, les plaisanteries allaient bon train. On se moqua du titre VII jusque sur les bancs du Congrès. Dans un éditorial du 21 août 1965, le *New York Times* posa même sérieusement la question de savoir ce qui se passerait si un homme, désireux de devenir « *Playboy Bunny* », n'était pas accepté, et baptisa « *Bunny Law* » ce texte fondamental.

Cependant des « Commissions sur le Statut des Femmes » avaient vu le jour dans divers États. Le processus lancé par l'administration fédérale en 1961 allait bientôt échapper à son contrôle.

Comment (« *how it started* ») ? ou l'art d'écrire sur une serviette en papier

Les groupes les plus favorables à la défense des droits des femmes en ce temps-là répugnaient à être catalogués comme « féministes », étiquette dommageable à leur réputation. Betty Friedan, elle, rendue célèbre par la sortie de son ouvrage très remarqué, n'hésitait pas à affronter la colère des hommes effarés (« *scared men* »), ou la frilosité des femmes opprimées (« *drearay dreary martyred women* »). Elle s'en prenait à celles qu'elle appelait « Aunts Tom », ces femmes qui, fortes de leur réussite personnelle, affirmaient que le succès était à la portée de toutes. Désagréable (de son propre aveu), prompte à s'emporter, « *bitchy* » selon ses propres termes, Betty Friedan scandalisa souvent par la verdeur de son propos, déclarant par exemple à un auditoire de femmes spécialistes de la communication qu'« aucune femme ne peut accéder à l'orgasme en astiquant le carrelage de sa cuisine ». Parmi elles, Muriel Fox, spécialiste des relations publiques lui glissa alors un mot porteur de ce bref message : « *if you decide to start an NAACP for women, count me in* ».

Cette idée, et les pressions exercées sur Betty Friedan, furent relayées par Richard Graham (seul membre de l'EEOC, avec Aileen Hernandez, à être sensible aux problèmes rencontrés par les femmes) qui lui confia que malgré la loi sur les Droits Civiques, l'EEOC ne ferait rien pour les femmes tant qu'elles n'auraient pas, comme les Noirs, une sorte de NAACP. Mais pour un temps Betty Friedan, toute à l'idée décrire un autre livre, résista à l'appel des sirènes, et la perspective du rôle qu'on attendait d'elle la remplissait d'épouvante.

Tout allait basculer lors d'un congrès des Commissions d'États sur le Statut de la Femme organisé à Washington en juin 1966. L'idée de créer un groupe analogue à la NAACP pour les femmes refit surface, avec des projets — marches, sit-ins etc. — plus proches encore de la

SCLC et de ses méthodes d'action directe[1]. Kay Clarenbach, responsable de la Commission du Wisconsin, organisa les débats et énonça les urgences premières : il leur fallait un nom, si possible un acronyme qui frappât les esprits, des objectifs, et de l'argent. Restée silencieuse pendant cette mise au point, Betty Friedan, désormais convaincue de la nécessité d'une organisation indépendante, gribouilla sur sa serviette en papier ces mots restés célèbres :

To take the actions needed, to bring women into the mainstream of American society, now, full equality for women, in full equal partnership with men,

NOW : the National Organization for Women

Ainsi naquit cette organisation, dont les hommes ne seraient pas exclus (« FOR women » et non « OF women ») le 29 juin 1966, avec en caisse la somme de 135 dollars. Plus tard Betty allait commenter l'événement en ces termes : « *It took only a few of us to get to gather, to ignite the spark, and it spread like a nuclear chain reaction.* »

On s'organise

NOW comptait à l'origine parmi ses dirigeants des responsables syndicaux, des professeurs, des Noirs, des Blancs, toutes et tous membres fort respectables, très éloignés de l'image caricaturale diffusée par les adversaires du féminisme. En outre, l'organisation vit le jour à un moment particulièrement opportun où les femmes commençaient à réagir contre l'interdiction qui leur était faite d'être jurées dans un procès, contre l'obligation d'obtenir l'autorisation de leur mari pour pouvoir disposer de leurs biens, contre l'interdiction de pénétrer dans un bar ou un restaurant sans être accompagnées d'un homme, en un mot contre toutes ces injustices qu'elles avaient jusqu'ici supportées sans broncher.

Le 29 octobre 1966 se tint la réunion fondatrice de l'organisation. On rédigea un programme sous la forme d'une déclaration d'intentions, « *NOW Statement of Purpose* ». On aspirait à une véritable participation des femmes dans la société américaine (« *bring women*

1. La NAACP (*National Association for the Advancement of Colored People*), avait été fondée en 1909. La SCLC (*Southern Christian Leadership Conference*) vit le jour en 1957 grâce à Martin Luther King.

into full participation in the main stream of American society now, exercising all the privileges and responsibilities thereof in truly equal partnership with men »). On n'aspirait pas au développement d'une contreculture, mais à l'intégration des femmes à cette culture comme membres à part entière. Son apparente modération n'enlevait cependant rien au caractère novateur du texte.

NOW était la première association indépendante qui osait faire figurer le terme « féministe » dans l'énoncé de ses objectifs. C'était aussi la première à vouloir lutter contre la discrimination sexuelle dans tous les domaines, et ses objectifs, par leur étendue, n'étaient pas sans rappeler la Déclaration de Sentiments des Dames de Seneca Falls. Il s'agissait de poursuivre la révolution des femmes jusqu'ici inachevée. Le texte évoquait un nouveau type de féminisme avec, comme corollaire à l'accès des femmes à la sphère masculine, celle des hommes à la sphère féminine. On préconisait le partage réciproque des responsabilités déjà clairement prôné dans les dernières pages de *The Feminine Mystique.* On réclamait la reconnaissance de la valeur économique et sociale du travail des femmes qui se consacraient à leur foyer et à leurs enfants. On souhaitait créer une nouvelle image de la femme, différente de l'image véhiculée par les médias et prescrite par les institutions en place, églises, État, universités, usines, bureaux... Il fallait s'affranchir du paternalisme censément protecteur qui minait la confiance que les femmes avaient en elles-mêmes et n'engendrait que mépris à leur égard.

Ce n'est donc pas sans raison que Betty Friedan, lors d'une conférence de presse, le 21 novembre 1966, précisa que NOW n'était pas un club de femmes, mais une véritable organisation pour les droits civiques, engagée dans un combat contre une discrimination aussi grave que celle qui s'exerçait à l'encontre des gens de couleur.

En novembre 1966, Muriel Fox annonça officiellement la création de NOW, riche de 300 membres déclarés « *with high credentials* ». Betty était élue présidente, Kay Clarenbach dirigeait le Conseil d'Administration (chairman), Aileen Hernandez et Richard Graham étaient vice-présidents, et Caroline Davis (à la tête de la section femmes du syndicat de l'automobile) assumait la fonction de secrétaire-trésorière.

Dès lors, Betty Friedan et Kay Clarenbach se dévouèrent entièrement à la cause, prélevant même sur leurs deniers personnels pour la faire aboutir. Sans tarder, une pétition fut adressée à l'EEOC pour protester contre les offres d'emploi distinguant hommes et femmes. Une autre concernait la retraite forcée des hôtesses de l'air qui se mariaient ou qui atteignaient l'âge de trente-deux ans. Martha Griffith, s'adressant aux responsables des compagnies aériennes résuma en ces termes l'indignation des féministes de NOW : « si vous essayez de tenir un bordel dans le ciel, alors demandez une licence ». Les militantes organisèrent des groupes de travail et d'action sur le mariage, le divorce, les femmes dans le sport, l'emploi, les manuels scolaires, les médias. Elles formèrent des groupes de pression pour la création de crèches. Infatigables, elles inondaient les agences gouvernementales de courriers et de coups de fil, et se rendaient fréquemment à Washington ou dans certaines capitales d'États afin de présenter leurs arguments.

Le 18 novembre 1967, à l'occasion du deuxième congrès annuel de NOW, Betty Friedan présenta une déclaration des droits (*Bill of Rights*) qui demandait :

- des congés de maternité payés ;
- des réductions d'impôts pour couvrir les frais de garde de jeunes enfants ;
- une aide à l'éducation ;
- des stages de formation professionnelle ;
- un accès à la contraception grâce à l'abrogation de toutes les lois qui entravaient la diffusion d'information relative au contrôle des naissances ;
- le passage de l'Amendement des Droits Égaux (ERA) ;
- la légalisation de l'avortement : véritable bombe figurant pour la première fois dans un programme de revendications féministes, malgré les réticences initiales de Betty Friedan qui redoutait la défection de militantes effarouchées.

Betty Friedan avertit les responsables gouvernementaux que NOW n'excluait pas l'éventualité d'une marche massive sur Washington. Peu de temps s'était écoulé depuis les émeutes raciales de Watts, et la marche conduite par Martin Luther King de Selma à Montgomery avait fait l'objet d'incidents violents. Medgar Evers et

Malcolm X avaient été assassinés[1]. La guerre la plus impopulaire de l'histoire des États-Unis battait son plein et suscitait des manifestations de plus en plus nombreuses. Les femmes allaient-elles « s'y mettre » elles aussi ?

Le gouvernement, inquiet, tenta de calmer les esprits. L'EEOC ouvrit ses séances au public. Lyndon B. Johnson signa en 1967 un décret prohibant la discrimination sexuelle au sein du gouvernement fédéral et de la part des entrepreneurs qui travaillaient pour lui. Il leur demanda de prendre des mesures positives (« *affirmative action* ») pour mettre un terme à la discrimination dont les femmes étaient victimes. Un autre décret abolit l'interdiction faite aux femmes militaires d'accéder à un rang supérieur à celui de colonel. Le ministère de la Santé (*Health, Education, and Welfare – HEW*) dégagea des fonds en faveur du planning familial et de l'information relative au contrôle des naissances. Les offres d'emploi libellées « hommes » ou « femmes » furent frappées d'illégalité en 1968, après l'invasion par les militantes de NOW des bureaux du *New York Times*, et le problème des hôtesses de l'air allait être réglé peu après.

Diversification du mouvement

Très vite l'organisation fut critiquée par des féministes qui la trouvaient soit trop radicale, soit trop conservatrice. Dès 1967 des défections survinrent, parfois à cause du soutien apporté à l'ERA (ce fut le cas des *United Auto Workers*), plus souvent, (comme Betty Friedan l'avait craint), à cause de la demande de légalisation de l'avortement, et dans certains cas à cause du style particulier de sa Présidente. Ainsi Muriel Fox devait déclarer qu'elle avait parfois l'impression que son rôle principal consistait à empêcher Betty de tuer des gens et à empêcher les gens de la tuer !

Les réactions furent de trois types :

- quelques membres de NOW désapprouvèrent la demande relative à la légalisation de l'avortement, susceptible de nuire à l'image des femmes dans l'opinion publique. Cette réaction conduisit à la création d'une autre organisation, la *Women's*

1. Medgar Evers, leader de la NAACP, avait été assassiné en juin 1963, et Malcolm X, leader des Black Muslims, en février 1965.

Equity Action League (WEAL) à l'approche plus conservatrice et plus étroite que celle de NOW. Elle souhaitait attirer des femmes d'affaires et des professions libérales capables d'exercer une action patiente, empreinte de diplomatie, sur la législation relative au travail et à l'éducation des femmes ;
- d'autres organisations, parfois nouvelles (ainsi FEW : *Federally Employed Women*), ou existant déjà (ainsi la YWCA) suivirent la voie tracée par NOW : elles formaient des groupes de pression, intentaient des procès, préconisaient l'égalité dans les domaines de l'éducation, de l'emploi, mais aussi dans les organisations politiques. Elles demandaient des crèches soutenues financièrement par le gouvernement, des congés de maternité payés (les États-Unis sont à ce jour l'un des six pays occidentaux où cette formule n'existe pas) et une réforme fiscale reconnaissant la valeur du travail ménager ;
- on vit naître aussi des groupes plus radicaux dont le premier en date, les *New York Radical Women* (1967), se scinda en deux groupes, dont l'un, WITCH (*Women's International Terrorist Conspiracy from Hell*), vit le jour en 1968 et l'autre, les Redstockings, en 1969. Le ton allait alors changer.

Après des débuts un peu hésitants, NOW acquit peu à peu une stature nationale et devint l'organisation féministe américaine la plus importante et la plus durable. Pendant les dix premières années de son existence elle changea de cap à plusieurs reprises, mais jamais n'abandonna son approche réformiste, œuvrant pour les droits des femmes dans le cadre des institutions en place.

2. Radicalisation : « *Women's Lib* »

Vers la fin des années soixante, un deuxième courant féministe souvent controversé et beaucoup plus turbulent vit le jour, auquel s'attachent les étiquettes de *Women's Liberation* ou *Radical Feminism*.

Origines

Ce fut le résultat d'une révolution dans la révolution, d'une révolte contre certaines organisations contestataires de l'époque. L'attitude et le discours de certains groupes de lutte pour les Droits

Civiques et de la Nouvelle Gauche, ravivèrent le souvenir de l'affaiblissement, au lendemain de la Guerre civile, du mouvement des femmes « lâchées » par les abolitionnistes. Les féministes des temps modernes refusèrent de voir l'histoire se répéter.

Celles qui allaient devenir des féministes radicales avaient au début des années soixante lutté pour les droits des Noirs. Elles participèrent ensuite aux manifestations contre la guerre du Viêt-nam et adhérèrent à divers groupes de la Nouvelle Gauche. La contre-culture des années soixante ne mettait-elle pas l'accent sur l'amour et le sens de la communauté, toutes valeurs traditionnellement « féminines » ? Mais au milieu de la décennie le ton se durcit, la colère des Noirs du Sud s'exprima à travers la rhétorique du « Black Power ». Les activistes, eux, mirent de plus en plus l'accent sur la drogue et le sexe, et cette nouvelle emphase s'exerça au détriment des femmes.

Si ces groupes s'opposaient aux institutions en place, leur organisation n'en était pas moins conforme à la tradition. Les hommes s'exerçaient à l'art du discours, dirigeaient, pendant que les femmes assuraient l'intendance, le secrétariat, et vaquaient à ces occupations qu'elles considéraient comme « *the shit work of the civil rights movement* ». Elles étaient en outre censées satisfaire les appétits sexuels de leurs camarades de combat. Selon les propos éloquents de l'un d'entre eux : « *women made peanut butter, waited on tables, cleaned up, got laid. That was their role* ». L'un des slogans des objecteurs de conscience qui refusaient de partir pour le Viêt-nam était : « *Girls say Yes to boys who say No.* » Le principe d'égalité dont les militants se gargarisaient ne s'appliquait pas aux femmes avec lesquelles ils vivaient et travaillaient et dont la cause, de leur propre aveu, les intéressait fort peu. Ainsi quand les femmes de NOW émirent le vœu de faire partie de la *Leadership Conference on Civil Rights*, les hommes du service juridique (« *Legal Defense Fund* ») de la NAACP leur répondirent : « *women are not a civil rights issue* ». Quand Mary King et Casey Hayden (alors épouse de Tom Hayden), dans un document intitulé « The Position of Women in SNCC », dénoncèrent auprès des responsables de l'organisation un système de caste qui utilisait et exploitait les femmes, Stokeley Carmichael leur répondit :

« *The only position for women in SNCC is prone.*[1] » Quand, à la convention du SDS (*Students for a Democratic Society*) en 1966, les femmes réclamèrent l'inclusion d'un programme féministe, on se moqua d'elles, on leur lança des tomates et finalement elles furent exclues. Quand, lors d'une autre réunion, en 1967, Shulamith Firestone souhaita présenter une série de résolutions pour les droits des femmes elle en fut empêchée et le Président lui dit, tout en lui tapotant la tête : « *Move on little girl ; we have more important issues to talk about here than women's liberation* ».

Pour beaucoup de femmes la rupture définitive avec la Nouvelle Gauche devint inévitable en 1969 lors d'une manifestation en faveur de la paix à Washington. Dès qu'une femme tentait de parler, elle se heurtait aux réactions hostiles des hommes qui n'en étaient pas à une obscénité près. Ainsi quand Gloria Steinem essaya de s'exprimer on cria : « *Take it off, take her off the stage and fuck her.* » Robin Morgan, fondatrice de WITCH, est sans doute celle qui exprima le mieux le sens de cette rupture le 9 février 1970 : « *Good-bye, goodbye forever, counterfeit Left, counter-left, male dominated cracked glass mirror reflection of the American nightmare. Women are the real left.*[2] » Dès 1969 le groupe des Redstockings, fondé à New York par Shulamith Firestone (qui avait compris la leçon) et Ellen Willis, dénonça dans son manifeste la domination masculine comme la forme d'oppression la plus ancienne et la plus fondamentale, dont toutes les autres formes d'oppression (racisme, capitalisme, impérialisme, etc.) n'étaient que le prolongement. Le temps n'était plus aux escarmouches. L'heure avait sonné d'une lutte sans merci.

Mais il s'agissait aussi pour les radicales de se démarquer de groupes féministes plus modérés. Elles admettaient que les campagnes légales menées par des organisations comme NOW ou WEAL avaient leur utilité, mais elles trouvaient aussi que l'affirmation formelle des droits des femmes ne suffisait pas. Elles aspiraient à une société différente, dans laquelle on n'obligerait ni ne restreindrait hommes et femmes à jouer des rôles déterminés en

1. SNCC, Student Non-violent Coordinating Committee, avait été créé en 1960 ; « prone » reconnaissait à la femme le seul droit d'être couchée (et donc de coucher).
2. Voir Carol Hymowitz et Michaele Weissmn, *A History of Women in America*, New York : Bentam, 1978, p. 348 et p. 349.

fonction de leur sexe. Pour elles, les inégalités inhérentes aux lois ou aux coutumes n'étaient pas la cause, mais la conséquence de l'oppression des femmes. Elles trouvaient leur véritable source dans le *sexisme* (le mot fit alors son entrée dans le vocabulaire des féministes), c'est-à-dire l'affirmation par l'homme que la nature biologique différente de la femme la rendait par essence inférieure : sa mission procréatrice la rendait incapable d'égaler la force de l'homme, ou d'exercer les responsabilités et le pouvoir dont il était détenteur. Pour les radicales, ce sexisme était présent dans toutes les institutions, et sa conséquence la plus néfaste était la dévalorisation de la femme à ses propres yeux, toute disposée qu'elle était à intérioriser les stéréotypes d'une société qui voyait en elle l'« Autre[1] » infantile à jamais. Incapable d'exploiter un potentiel que nul ne lui reconnaissait elle avait tôt fait d'abdiquer, fournissant ainsi leurs meilleurs arguments aux apôtres de la supériorité masculine.

Organisation

Les féministes radicales rejetèrent les structures traditionnelles et hiérarchisées de NOW ou WEAL. Ce qu'on appelle « *Women's Lib* » consistait en petits groupes dont certains s'opposaient à l'idée d'avoir des « leaders ». Toutes les tâches devaient être partagées, qu'il s'agisse de la préparation du café ou de la rédaction des documents définissant les positions idéologiques. Ces groupes échangeaient des idées à travers des réseaux, des contacts personnels, des bulletins d'information, des revues, des manifestations communes, des conférences, des congrès. Mais chacun conservait son indépendance, et les groupes se mirent à proliférer : *New York Radical Feminists, Redstockings, Radicalesbians, The Older Women's Liberation, Feminists in the Arts, WITCH, Columbia Women's Liberation,* et bien d'autres, aux noms souvent savoureux, coexistèrent avec la *National Coalition of American Nuns* ou encore le *October 17th Movement*, qui deviendra *The Feminists*, créé par Ti-Grace Atkinson et Florynce Kennedy, transfuges de NOW dont elles avaient vainement essayé de modifier la structure.

1. Concept emprunté à Simone de Beauvoir dans *Le Deuxième Sexe*.

Ce « format » posait quelques problèmes. Il était difficile de discerner un noyau dur dans un tel système de décentralisation : quand les membres d'un groupe étaient en désaccord, le groupe éclatait en deux ou trois groupes distincts et le travail collectif s'avérait difficile. Les femmes qui faisaient montre de talents d'oratrices, d'écrivaines, ou d'organisatrices, étaient souvent dénoncées pour leur « élitisme ». Du temps s'écoula avant que les féministes commencent à construire des groupes stables dans lesquels les contributions individuelles faisaient l'objet d'une réelle mise en valeur. Mais ce mode d'organisation présentait aussi quelques avantages. Son extrême souplesse permettait à n'importe qui, à tout moment, de créer un groupe au bureau, à l'école, dans le quartier... L'idée faisait ainsi son chemin que le féminisme était l'affaire de chaque femme et de toutes les femmes. En outre, l'intimité qui se créait à l'intérieur de ces petits groupes conduisait les femmes à une meilleure compréhension d'elles-mêmes et des autres. Elles parlaient de leurs expériences personnelles et découvraient que ce qu'elles croyaient être seules à vivre, voire à endurer, faisait partie d'expériences communes à toutes. Elles comprirent alors qu'elles formaient une classe, voire une caste, dont le point d'union était leur sexe : toutes étaient victimes du sexisme. Les rencontres engendrèrent la repolitisation des liens entre les femmes et la redécouverte des bienfaits de l'action collective. L'idée que « *the personal is political* » fut l'intuition la plus importante du féminisme moderne.

Actions et réactions

Les féministes radicales considérèrent que leur premier devoir consistait à éveiller les femmes, à leur faire prendre conscience du fait qu'elles se conformaient au rôle qui leur était imposé par la société. C'est à cette démarche qu'elles donnèrent le nom de *Consciousness Raising.*

Ces groupes d'éveil de la conscience des femmes (« *consciousness-raising groups ou CR groups*) devinrent un précieux instrument d'action et de réflexion. Ils attirèrent des milliers de femmes qui rejoignirent alors le mouvement, et permirent le rayonnement à l'extérieur des idées débattues en leur sein. Au cours de réunions généralement hebdomadaires, on choisissait un sujet, et un tour de table donnait à chaque femme l'occasion de s'exprimer. Les hommes furent exclus de ces rencontres où l'on tenait à ce que les participantes se sentent libres, dégagées de toute obligation de séduction[1]. Les fortes émotions des premiers jours, et la découverte de griefs communs, se muaient peu à peu en espoir de changer les choses par une action concertée.

Deux réactions affectives résultèrent de ce mode de fonctionnement. On vit se développer la compréhension, la confiance, le respect pour les autres femmes, un sentiment de « sororité » (« *sisterhood* ») et le slogan « *sisterhood is powerful* » fournit à Robin Morgan le titre d'un de ses ouvrages[2]. La colère s'empara également de quelques femmes, colère dirigée parfois contre les hommes (maris, patrons, homme de la rue, médecins, publicitaires), mais colère aussi contre elles-mêmes pour avoir accepté tant d'injustice, si longtemps, sans réagir.

Les féministes radicales utilisèrent la rhétorique et les méthodes de la Nouvelle Gauche pour attirer l'attention du public sur les « *CR groups* ». Elles montèrent des actions spectaculaires, délibérément provocatrices, ou « *Zap Actions* » (sortes d'« opérations coup de poing ») pour sensibiliser l'opinion.

La première en date fut organisée lors du défilé accompagnant l'élection de Miss America en 1968[3]. Plus tard, la même année, les membres de WITCH, déguisées en sorcières, firent irruption à la bourse de New York. Dans ce haut lieu de la « mâlitude », ainsi que dans les rues de la ville, elles distribuèrent des tracts où l'on pouvait lire :

> « *WITCH lives and laughs in every woman. She is the free part of each of us, beneath the shy smiles, the acquiescence to absurd male domination, the make-up or flesh-suffocating clothes our sick society demands. There is no « joining » WITCH. If you are a woman and dare to look within yourself, you are a WITCH. You make your own rules.* »

Des conférences étaient organisées, où les femmes livraient leurs témoignages personnels sur l'avortement, le mariage, l'emploi, le

---

1. Voir Carol Hymowitz, *op. cit.*, p. 351.
2. Robin Morgan, ed. *Sisterhood is Powerful. An Anthology of Writings from the Women's Liberation Movement*, New York : Random House, 1970.
3. Voir *infra*, chapitre 4, 5 : « Concours de beauté ».

viol... Elles défiaient délibérément les règles de conduite traditionnellement attendues d'elles : elles ouvraient elles-mêmes leurs portes, allumaient leurs cigarettes, payaient leur addition au restaurant. Quand les hommes dans la rue les sifflaient ou les hélaient, elles sifflaient et hélaient en retour. Quelques-unes apprenaient le karaté pour se défendre. Quand on reprocha à ces femmes d'être castratrices, une militante rétorqua que si l'homme situait son pouvoir dans ses organes génitaux, c'était son problème [1].

Arguments et programmes

Au centre de la critique se trouvait la question de la différence entre les sexes. Les féministes affirmaient que les différences émotionnelles, intellectuelles, psychologiques supposées résultaient d'un conditionnement social. Elles analysèrent les méthodes par lesquelles le système des rôles différenciés maintenait les femmes dans un monde séparé et inégal. Quelques-unes de ces démonstrations étaient fort amusantes, telle « *The Politics of Housework* », texte irrésistible publié en 1971 et devenu célèbre, dans lequel Pat Mainardi analyse les ruses employées par les hommes pour échapper aux corvées ménagères.

Les féministes radicales voulaient pouvoir choisir de rester célibataires sans devenir objets de pitié, goûter aux joies du mariage sans être condamnées à vivre par procuration, à travers leurs époux et leurs enfants, choisir d'avoir ou de ne pas avoir des enfants, qu'elles soient célibataires ou mariées. Elles expérimentèrent de nouveaux modes de vie dans lesquels les rôles traditionnels de l'homme et de la femme pouvaient être inversés, où la structure traditionnelle de la famille nucléaire n'était plus le seul modèle possible, et où toutes les formes d'orientation sexuelle devenaient envisageables.

Le mouvement aida ainsi les lesbiennes à accepter leur préférence sexuelle et à vivre ouvertement leur homosexualité. Pour la plupart des États américains, l'homosexualité était un délit. Les lesbiennes se tournèrent alors vers les groupes féministes organisés pour protester contre la discrimination légale dont elles faisaient l'objet, qu'il s'agisse de l'emploi, du logement, du divorce, ou de la garde des

1. Cité par Carol Hymowitz, *op. cit.*, p. 356.

enfants. Les féministes hétérosexuelles (« *straight* ») ne leur accordèrent pas immédiatement leur soutien, soucieuses qu'elles étaient de prouver que leur mouvement se composait de femmes « normales » et non de ces « *frustrated man-haters* » qu'on se plaisait à voir en elles. Jamais jusqu'ici le lesbianisme n'avait été inscrit au programme des féministes de quelque tendance qu'elles soient. Les lesbiennes formèrent donc leurs propres organisations (comme les *Radicalesbians*), nécessairement séparatistes. Elles accusaient les « hétéros » de pactiser avec les hommes (« *sell out to men* »). Leur grande prêtresse, Kate Millett, fit même en 1970 l'une des couvertures de *Time* où s'étalait un portrait peu flatteur de cette « guérillère[1] ». Betty Friedan tint des propos fort peu amènes à l'égard de ces féministes d'un nouveau genre qu'elle récusa en ces termes : « *Sexual politics is highly dangerous and diversionary and may even provide good soil for fascist, demagogic appeals based on hatred… we cannot permit the image of woman to be developed by the homosexual* ». Dans cette déclaration mémorable elle se faisait l'écho du titre de *Sexual Politics*, ouvrage publié par Millett en 1970[2].

Cette année fut marquée par deux manifestations importantes, toutes deux imaginées par Betty Friedan :

- le 26 août, elle appela les femmes à cesser toutes leurs activités, dans le cadre d'une grève des femmes pour l'égalité (« *Women's Strike for Equality* ») marquant le cinquantième anniversaire de la ratification du 19e amendement sur le droit de vote. Le défilé sur la 5e avenue à New York, que les femmes parvinrent à investir malgré l'interdiction du maire, fut réussi au-delà de toute espérance, et agrémenté de banderoles revendicatrices dont l'une, porteuse de cette inoubliable injonction : « *Don't iron while the strike is hot* » ;
- le 12 décembre, Friedan organisa une marche en faveur du droit à l'avortement et pour la création de crèches et garderies. Les lesbiennes se mêlèrent au cortège, arborant et distribuant des brassards bleu lavande, ainsi que des prospectus. Elles reçurent

1. Terme emprunté à Ginette Castro.
2. Titre traduit en français par *La Politique du Mâle…*

alors le soutien des « hétéros », signe manifeste d'un rapprochement.

À la longue l'hostilité entre les deux catégories de femmes allait s'estomper. Les hétérosexuelles en particulier finirent par comprendre que l'anti-lesbianisme était lui aussi une forme de *sexisme.*

3. Les années soixante-dix : « *The New Feminism* »

Au début des années soixante-dix, les féministes radicales contribuèrent à la célébrité du « *Women's Lib* », pour lequel l'intérêt du public, qu'il soit sympathisant ou hostile, fut attisé par les médias. Parmi les actions spectaculaires dont journaux et télévision se firent l'écho, on peut citer :

- l'occupation des bureaux du *Ladies' Home Journal* le 18 mars 1970. Les militantes impliquées dans cette action firent remarquer à la direction qu'un journal destiné aux femmes devait se soucier de leur bien-être et augmenter les salaires de ses employées. Elles réclamèrent l'embauche de représentant(e)s des « minorités » et le remplacement des membres exclusivement masculins de l'équipe de rédaction par des femmes expérimentées. Dans le numéro d'août 1970, il leur fut concédé un supplément de huit pages (63-71) d'articles rassemblés sous le titre de « *The New Feminism* » et consacrés à la discrimination en matière de travail, d'éducation, de procréation, de divorce, de beauté, d'amour, de vie sexuelle… On y trouvait même des conseils sur la manière de lancer de nouveaux groupes d'éveil de la conscience (« *CR Groups* »). Ce supplément parut à point nommé, le jour même du cinquantième anniversaire de la ratification du 19e amendement ;
- ce même jour, 26 août 1970, on l'a vu, fut marqué par la grève des femmes (*Women's Strike for Equality*) lancée par Betty Friedan, qui accrut considérablement la visibilité du mouvement. Elle attira en masse de nouvelles adhérentes pour NOW, y compris parmi les jeunes femmes qui avaient animé le féminisme radical ;

– le 20 septembre 1973, des millions de téléspectateurs purent suivre le match de tennis qui opposait Billie Jean King à Bobby Riggs. Ce dernier, gagnant de Wimbledon et défenseur des valeurs de la « mâlitude », avait lancé un défi à celle qui avait osé plaider la cause des joueuses de tennis professionnelles pour lesquelles elle réclamait en particulier davantage d'argent. Bien imprudemment il avait affirmé : « je prétends que non seulement vous êtes incapable de battre un joueur de tennis de talent, mais également que vous ne pouvez pas me battre moi, vieil homme fatigué. » La victoire de King en trois sets gagnants eut valeur de symbole et stimula chez nombre d'Américaines la fierté d'être femme (« *female pride* »)[1].

Le nombre des manifestations en faveur des droits des femmes ne cessa de s'accroître jusqu'en 1975 où l'on en compta quelque trois cents. Le « nouveau féminisme » stimula de manière salutaire la réflexion sur le concept de féminité, (« *femininity* ») sur l'identité de la femme (« *womanhood* »), et sur les relations hommes/femmes qui jusque-là semblaient couler de source dans leur sempiternelle asymétrie. De nouvelles définitions s'imposaient dans un monde où les catégories figées par la tradition et les préjugés s'avéraient de jour en jour inaptes à refléter la réalité.

Pendant ces « années fastes », selon la formule de Ginette Castro, d'importantes avancées législatives et judiciaires résultèrent également des méthodes plus traditionnelles d'organisations comme NOW ou WEAL. L'influence des femmes dans le domaine politique prit un tournant décisif avec la création, en 1971, du *National Women's Political Caucus* grâce aux efforts conjugués de Betty Friedan, Shirley Chisholm et Bella Abzug[2]. Les deux principaux partis politiques qui jusque-là avaient superbement ignoré les revendications des femmes se montrèrent plus réceptifs à leurs programmes qu'ils se mirent à relayer, malgré hésitations et grincements de dents, notamment pour ce qui est de la libéralisation de l'avortement. La politisation des femmes produisit des effets au Congrès où l'on se montra plus accueillant à leurs demandes d'équité. Des projets de lois aboutirent alors, sur des points qui

1. Voir Sara Evans, *op. cit.*, p. 287-90.
2. Voir *infra*, chapitre 7.

jusque-là n'avaient guère été pris au sérieux. Ainsi en 1972 le Titre IX de la loi sur l'enseignement supérieur (*Higher Education Act*) contribua à améliorer le sort des femmes dans le domaine de l'éducation et des pratiques sportives en facilitant leur accès à des programmes dont elles étaient traditionnellement exclues. Une loi sur l'égalité des chances (*Equal Opportunity Act*) étendit l'aire de compétence de l'EEOC, accrut les moyens mis à sa disposition pour l'exécution de ses décisions, et instaura une réduction d'impôts pour les parents contraints de faire garder leurs enfants pour exercer une activité salariée. C'est dans ce contexte également que le projet d'amendement des droits égaux (*Equal Rights Amendment*) franchit enfin le cap du Congrès et fut proposé aux États pour ratification[1]. Année faste en effet que cette année 1972, année charnière selon Bella Abzug (« *watershed year* ») qui s'exclama, triomphante et malicieuse : « *We put discrimination provisions into everything. There was no opposition. Who'd be against equal rights for women ? So we just kept passing women's rights legislation.* »

De son côté la Cour Suprême se montra plus favorable à la défense des droits individuels en général et de ceux des femmes en particulier, à l'instar parfois de la Cour présidée par Earl Warren, vingt ans plus tôt dans le domaine racial. Le phénomène est d'autant plus remarquable que la cour présidée par Warren Burger depuis 1969 était pourtant plus conservatrice. À partir de 1971 elle invalida nombre de lois d'États ou de lois fédérales jugées discriminatoires. Surtout, elle rendit en 1973 l'arrêt historique sur le droit à l'avortement que les partis politiques avaient répugné à reprendre à leur compte malgré leur soutien plus marqué aux mesures préconisées par le *National Women's Political Caucus* (NWPC). Dans un cas célébrissime (*Roe v. Wade)* les défenseurs de Jane Roe (pseudonyme), femme célibataire de Dallas, remirent en cause une loi du Texas qui, en criminalisant l'avortement, portait atteinte à sa vie privée en lui interdisant la possibilité de se faire avorter en toute sécurité. Ce combat, mené pour elle-même mais aussi pour toutes les femmes confrontées à la même situation, se solda par une victoire : par sept

1. Voir *infra*, chapitres 6 et 7.

voix contre deux la Cour déclara que le droit pour une femme de choisir d'avorter n'était pas inconstitutionnel[1].

Galvanisées par l'air du temps, à partir de 1973 surtout, les féministes de la branche libérale s'efforcèrent d'élaborer un programme détaillé[2]. La première version en fut *The United States National Women's Agenda*, présenté en décembre 1975 au président Gerald Ford, aux gouverneurs des États, ainsi qu'aux membres du Congrès fédéral. Signé par quatre-vingt-dix organisations, il en affichait les objectifs communs tout en prenant soin de préserver la pluralité de vues qui caractérisait le mouvement. Un deuxième plan d'action fut élaboré en novembre 1977 à Houston, puis officialisé par un rapport intitulé « *The Spirit of Houston* ». Les 26 résolutions de ce document de 308 pages incluaient, entre autres, le soutien à l'amendement des droits égaux (ERA), le droit à l'interruption volontaire de grossesse, et la légitimité de toute préférence sexuelle. Un *National Advisory Committee for Women*, coprésidé par Bella Abzug et Carmen Delgado Votaw, fut alors créé au sein du ministère du Travail. Sa mission consistait à éclairer de ses conseils le Président et le Congrès quant à la manière de réaliser les objectifs du plan. Il s'ensuivit de nouveaux ralliements, et la branche libérale du mouvement des femmes put désormais compter sur 100 000 membres.

Stimulées par leurs victoires, les féministes s'activèrent également en dehors des cadres officiels et mirent en place tout un réseau d'institutions parallèles que Ginette Castro analyse de manière précise et stimulante, et dont on se contentera d'évoquer ici les axes principaux[3].

Deux lignes essentielles orientèrent dès lors la réflexion qui servit de toile de fond aux innovations de cette période. Un débat se fit jour autour de la notion de différence : la question de savoir si les femmes sont — autrement que par les données de la biologie et de leur anatomie — fondamentalement différentes des hommes, occupa nombre d'esprits. L'analyse d'autres différences, celles qui séparent les femmes entre elles, selon leur appartenance raciale, ethnique ou

1. Voir *infra*, chapitre 5.
2. Voir Ginette Castro, *Radioscopie du féminisme américain*, Paris : Presses de la Fondation nationale des Sciences politiques, 1984, p. 218 *sq*.
3. Ginette Castro, *op. cit.*, p. 242-280.

sociale, demeurait relativement occultée. D'autre part, le sentiment de solidarité (« sororité » ?) dont les groupes d'éveil de la conscience favorisaient l'éclosion engendra une nouvelle perception du monde, selon le point de vue des femmes elles-mêmes, avec une insistance marquée sur des questions spécifiquement féminines.

On vit se développer ce que Ginette Castro nomme « politique des menus changements », en un élan impressionnant, résultante de leurs forces additionnées grâce à d'importants réseaux de communication. Héritage de l'impulsion fournie par les réseaux mis en place par les mouvements noirs et étudiants, la première publication féministe fut *Voice of the Women's Liberation Movement* de Jo Freeman qui, un an durant, servit la cause du féminisme radical, et favorisa la naissance d'autres publications. La presse écrite consacrée aux problèmes chers aux féministes joua un rôle de tout premier plan et connut un essor rapide, à tel point que dès 1971 on recensait une centaine de publications spécialisées. Certaines assuraient la diffusion de l'information relative aux échecs et aux victoires des combats livrés sur le front de la loi. On peut citer ici *The Spokeswoman, Changing Woman,* le *Women's Political Times* ou encore *The Second Wave,* publication féministe radicale, qui privilégia le thème de l'anarchisme entre 1971 et 1977[1]. *Signs*, créé en 1975, toujours en vie, fort d'une renommée internationale, et souvent cité, se consacra à la recherche littéraire et sociologique. La plupart de ces publications, souvent animées par des bénévoles, eurent — ou ont encore — un contenu hétérogène, et optèrent pour une « esthétique du vrac[2] » conforme à la logique des groupes d'éveil de la conscience qui, on l'a vu, comptaient sur la libre prolifération d'initiatives personnelles plus que sur la clarté rassurante de hiérarchies organisées.

Dans ce contexte, *Ms.*, mérite une attention toute particulière. Sur une idée et à l'initiative de Gloria Steinem et Patricia Carbine, ce « *Nouveau Magazine pour les Femmes*[3] » fit ses débuts sous la forme de quarante-quatre pages dont Clay Felker avait autorisé l'insertion dans le numéro de décembre 1971 de son magazine *New York.* Le

1. Pour plus de détails, voir Ginette Castro, *op. cit.*, p. 244.
2. *Ibid.*, p. 244.
3. « The New Magazine for Women », sous-titre de la première page du numéro pilote du printemps 1972.

succès en fut éclatant, avec 300 000 exemplaires vendus en l'espace de huit jours, ce qui incita la direction de *New York* à contribuer financièrement au lancement des éditions nationales du magazine sous une forme plus autonome. Sur la couverture du numéro « pilote » du printemps 1972 s'agite une femme aux huit bras brandissant huit objets symboles de la vie de la femme active des années soixante-dix (fer à repasser, volant, raquette de tennis, téléphone, plumeau, montre géante, poêle à frire, machine à écrire) tandis que dans son ventre s'agite un bébé prêt à naître. Parmi les titres inscrits en couverture, s'étale le très audacieux « *Women Tell the Truth About Their Abortions* » et figure aussi l'annonce d'un article de Gloria Steinem sur « *Sisterhood* ». La couverture du premier véritable numéro de l'édition nationale, en juillet 1972, mettait en vedette l'héroïne d'une bande dessinée des années quarante, Wonder Woman, remise au goût du jour dans les années soixante-dix par une série télévisée dont le générique incluait ce refrain éloquent : « *in your satin tights, fighting for your rights…* » Il s'agissait d'imposer, avant même l'ouverture du magazine, l'image d'une femme vigoureuse, décidée à se battre pour ses droits avec une intensité dont les couleurs vives de la couverture fournissaient un équivalent iconographique efficace. Dès ce premier numéro, l'éditorial « *Personal Report* » déclarait : « *We want a world in which no one is born into a subordinate role because of a visible difference whether that difference is of race or sex* ». Sous la plume de Gloria Steinem, le texte laissait entendre la voix d'un féminisme militant rythmé par instants d'un appel à une véritable révolution.

Le magazine remplissait une fonction d'information sur les sujets les plus variés, en n'hésitant pas à aborder des thèmes que les organes de presse traditionnels hésitaient à traiter, et que les institutions politiques tenaient encore à distance. Dès la couverture du numéro du printemps 1972, nous l'avons vu, se trouvait affirmée la volonté de parler d'un sujet aussi explosif que l'avortement tel que seules les femmes pouvaient le percevoir. Le titre — *Ms.* — traquait le sexisme dans la langue par l'évitement délibéré de *Mrs.* ou *Miss,* affichages injustes (car sans équivalent masculin) de la situation matrimoniale des femmes. Il s'agissait également de faire du magazine un moyen d'action et même une incitation à l'activisme. Ainsi la rubrique « *How to Make Trouble* » indiquait clairement la volonté des femmes de sortir de leur docilité et de leur invisibilité, et donnait des conseils sur la manière d'organiser des groupes d'éveil de la conscience. Les ambitions intellectuelles n'étaient pas absentes du projet, et la rubrique « *Forum* » s'intéressait aux théories féministes, aux débats d'idées à l'intérieur du mouvement, salutaire antidote au prêt-à-penser qui jusque-là dictait leur conduite aux femmes américaines. On en appelait à leur intelligence dans une démarche novatrice d'interactivité : les lectrices étaient invitées à envoyer au journal des publicités sexistes issues de divers magazines, ensuite rassemblées dans la rubrique « *No comment* » qui visait au développement de leur sens critique. Pour sa part, *Ms.* dut se résigner à accepter quelques annonces publicitaires pour des raisons financières. Mais les critères de sélection étaient clairs : se trouvaient refusées par exemple les publicités pour divers produits alimentaires accompagnées de recettes de cuisine. On tenait à ne pas renforcer les stéréotypes relatifs aux rapports de genres, selon lesquels la cuisine était le lieu d'épanouissement de la femme. Le souhait de l'aider à sortir de sa prison domestique pour empiéter sur le domaine public se trouva affirmé vigoureusement dès le premier numéro commercial de juillet 1972 où l'héroïne de bande dessinée choisie comme porte flambeau du magazine se trouvait accompagnée du slogan « *Wonder Woman for President* » et où, en couverture, se trouvait annoncé un article sur le vote des femmes (« *On How Women Vote* »). Ce brouillage délibéré des rôles traditionnellement assignés aux deux sexes se retrouvait dans les annonces publicitaires pour des produits associés généralement à l'homme, comme voitures ou compagnies d'assurances. *Ms.* était un produit commercial à la rentabilité fluctuante, qui opta en 1978 pour le statut d'entreprise à but non lucratif dont les revenus étaient versés à la Fondation *Ms.* pour l'Éducation et la Communication.

Magazine à la fois commercial et politique, bien que cautionné par Robin Morgan, *Ms.* fut souvent critiqué, voire décrié, par les radicales qui, à l'instar des *Redstockings*, l'accusèrent de vouloir exploiter le féminisme à des fins commerciales. Mais ce qui lui était ainsi reproché fit en réalité sa force. Objet familier, le magazine dédramatisait le féminisme, le domestiquait au sens strict du terme, lui permettant de s'infiltrer dans les foyers américains. Certains maris d'ailleurs ne s'y trompèrent pas, de l'aveu par exemple de cette épouse citée dans un courrier des lecteurs de juin 1973 : « *My husband says I used to be a bitch once a month, since I subscribed to Ms, now I'm a bitch twice a month.*[1] » L'autoportrait auquel le magazine se livre sur le site internet dont il s'est doté à l'heure actuelle paraît donc fondé[2]. On peut en effet affirmer avec Letty Cottin Pogrebin, l'une des créatrices du site, que *Ms.* a transformé « un mouvement en magazine » et souscrire au passage dans lequel il se présente comme « *the first national magazine to make feminist voices audible, feminist journalism tenable, and a feminist worldview available to the public.*[3] »

Aux réseaux de communication nouvellement établis, s'ajoutèrent quelques institutions parallèles auxquelles ils apportèrent un soutien précieux. Ainsi la *Women's Action Alliance,* fondée en 1971 sur une idée de Gloria Steinem et Brenda Feigen Fasteau, compléta utilement l'action du *National Women's Political Caucus*. Entre autres fonctions, les médias féministes diffusaient les coordonnées des Centres de Femmes (*Women's Centers*), où des groupes féministes pouvaient tenir leurs réunions. Certains, tels le *Woman's Building* de Los Angeles devinrent de véritables maisons de la culture féministe, équipées d'une bibliothèque, et creusets d'idées et d'initiatives.

Parmi les institutions parallèles à vocation précise, il convient de souligner le rôle des institutions d'auto-santé. Inscription dans les faits de l'une des priorités de la révolution sexuelle préconisée par les féministes radicales — et parmi elles Robin Morgan — ces centres de santé féministes se donnèrent pour objectif la reconquête par les femmes de leur corps et des pratiques thérapeutiques qu'il requiert. Sous le titre devenu célèbre de *Our Bodies, Ourselves* un collectif de femmes de Boston publia un ouvrage — pionnier en ce domaine — qui connut sa première édition commerciale en 1973. Cet important

1. Voir Angeline Durand, thèse de Doctorat soutenue à l'université Lumière-Lyon 2 en 1999, p. 263.
2. http ://www.msmagazine.com/msherstory.html
3. Au terme de plusieurs échecs, rachats, et renaissances depuis les années 70, le magazine a été racheté en décembre 1998 par un groupe de 12 femmes, parmi lesquelles Gloria Steinem et Marcia Gillepsie. Nom du groupe « *Liberty Media for Women* ».

mouvement féministe d'auto-santé s'inspirait de la thèse développée par Barbara Ehrenreich et Deirdre English dans leur ouvrage *Witches, Midwives and Nurses. A History of Women Healers*, publié en 1973, thèse selon laquelle les femmes s'étaient trouvées exclues du domaine de la médecine par une coalition de classes et d'intérêts financiers. Le mouvement, parti de Californie, rassemblait déjà une cinquantaine d'adresses de centres de santé en 1975. Cette nouvelle attention portée à des questions qui échappaient au contrôle des institutions officielles permit aussi de se pencher sur les différentes formes de violence infligées aux femmes, dont le viol auquel *Ms.* consacra un numéro spécial en août 1975[1].

Le monde universitaire lui-même se montra réceptif à ce nouveau regard. Les premières tentatives de mise sur pied de cours d'études féminines — *Women's Studies* — prirent naissance dans les universités libres du mouvement étudiant entre 1965 et 1968. Le premier cours d'études féminines intégré à un programme universitaire fut l'œuvre de Sheila Tobias, à l'Université Cornell, au printemps 1969. Le premier programme entièrement consacré aux études féminines fut lancé à San Diego en 1970. Depuis, la pédagogie et la recherche sur les femmes et le féminisme ont connu une véritable explosion. Maints programmes pluridisciplinaires, loin de mener des existences séparées, sont reliés par des réseaux qui conduisirent à la fondation en 1977 de la *National Women's Studies Association*, influente aujourd'hui encore grâce notamment à la publication, trois fois par an, de son *NWSA Journal*.

Ces faits, évoqués à titre d'exemples, témoignent de l'extraordinaire vigueur du mouvement féministe au cours des années soixante-dix. Il s'agissait à travers le slogan « *the personal is political* » qui à lui seul semble résumer l'esprit du féminisme radical, de mettre fortement l'accent sur la nature personnelle de l'action politique. Ce faisant cependant, cette nouvelle inflexion qui libérait les femmes des entraves du prêt-à-penser et du devoir de silence et de dévouement qui pesaient encore si fort sur elles, eut tendance à engendrer un nouveau déséquilibre : à s'inscrire résolument en marge des institutions officielles, on en oublia parfois un peu les

1. Pour tout ceci, voir *infra*, chapitres 5 et 7.

réalités imprescriptibles du jeu politique traditionnel qu'il convenait de repenser malgré ces fascinantes stratégies de contournement, sources de bien des enthousiasmes tempérés par le choc frontal de quelques déconvenues.

Rien n'illustre mieux ce phénomène que les avatars de l'amendement des droits égaux (*Equal Rights Amendment* ou *ERA*) pendant cette décennie.

Militantes et militants n'étaient pas naïfs au point de s'imaginer qu'un amendement constitutionnel suffirait à mettre fin aux inégalités dont les femmes étaient victimes. Il paraissait important cependant de porter atteinte, par ce biais, à la Constitution américaine dont le texte avait, à plusieurs reprises au cours de l'histoire des États-Unis, donné lieu à des interprétations selon lesquelles des termes comme « persons » ou « people » n'incluaient pas nécessairement les femmes ; sans parler de la section 2 du 14e amendement où les termes « inhabitants » et « citizens » ne sont employés qu'accompagnés de l'adjectif « male ». Les défenseurs de l'ERA comptaient désormais dans leurs rangs la *League of Women Voters*, les *Business and Professional Women*, la *YWCA*, l'*American Association of University Women*, les *United Auto Workers* et nombre d'autres organisations dont, bien sûr, NOW.

Dans le contexte des « années fastes » donc, le Congrès en date du 22 mars 1972, approuva enfin le texte de ce qui aurait pu devenir le 27e amendement à la Constitution : « *equality of rights under the law shall not be denied or abridged by the United States or by any State on account of sex.* » Le vote au Congrès avait été facile, et les membres du Congrès s'étaient montrés enthousiastes. Il suffisait ensuite, en vertu de l'article 5 de la Constitution, d'obtenir que les trois-quarts des États, soit 38 sur 50, ratifient l'amendement pour qu'il acquière force de loi, et il sembla tout d'abord que ce serait chose aisée. Dès la fin de l'année 1972, vingt-deux États avaient déjà donné leur accord. Puis le rythme se ralentit nettement : au bout de trois ans, trente-trois États avaient ratifié, et deux seulement s'ajoutèrent à la liste après 1975. Pire encore : trois des États qui avaient approuvé l'amendement souhaitaient revenir sur leur décision. Au vu de cette évolution peu favorable, NOW décida de passer à l'action. L'organisation décida de boycotter les 15 États récalcitrants : en clair, les associations féministes libérales étaient invitées à ne tenir dans ces États aucun congrès ni convention, ce qui pour eux représentait une lourde perte financière[1]. En outre, NOW œuvra avec succès pour l'extension du délai de ratification : initialement fixée au 30 mars 1979, l'échéance fut reportée au 30 juin 1982 par un vote du Congrès fédéral. Malgré ce sursis, aucun nouvel État ne ratifia le texte. Certes, 14 États passèrent pour leur propre compte des amendements sur les droits égaux, signe que l'épisode avait eu malgré tout un certain retentissement. Mais à l'échelon fédéral un combat obstiné, vieux d'un demi-siècle, échouait parce que trois voix manquaient.

Échec surprenant dans le contexte de cette décennie, à un moment où l'on constata avec amertume que les sondages révélaient régulièrement une opinion publique majoritairement favorable à l'amendement des droits égaux : le pourcentage d'opinions favorables allait même passer de 58 à 63 % au moment de l'arrivée de Reagan au pouvoir en 1980. L'opposition avait été particulièrement forte dans le Sud, et force est de constater que les neuf États sudistes qui avaient refusé de ratifier le 19e amendement en 1920 figuraient maintenant au rang de ceux qui refusèrent d'inscrire l'égalité des sexes dans la loi fondamentale du pays. Mais les féministes s'accordent à penser que les raisons de leur échec tinrent à leur sous-estimation des forces d'opposition, au premier rang desquelles, selon le *National Women's Political Caucus* (NWPC), NOW, et les femmes de l'équipe de *Ms.*, une extrême-droite qui commençait à s'organiser de manière redoutable. Il s'agissait avant tout « de femmes acharnées à faire carrière en conseillant aux autres femmes de ne pas faire carrière, et de voter contre l'égalité sexuelle. » selon la formule éloquente de Ginette Castro qui recense les noms des principales égéries de cette opposition[2]. À la pointe de ce combat on trouvait Phyllis Schlafly, ultra-conservatrice, dirigeante du mouvement national d'opposition à l'amendement (*National Stop ERA*

1. États récalcitrants : Alabama, Arizona, Arkansas, Caroline du Nord, Caroline du Sud, Floride, Géorgie, Illinois, Louisiane, Mississippi, Missouri, Nevada, Oklahoma, Utah, Virginie.
2. Ginette Castro, *op. cit.*, p. 226, et p. 226 à 228 pour une remarquable analyse des causes de l'échec.

Movement), ou Helen Andelin, auteur de *Fascinating Womanhood*[1], fondatrice du *Femininity Forum,* et particulièrement active en Californie.

Le mouvement d'opposition était soutenu financièrement par diverses associations racistes, anticommunistes, et traditionalistes. Aux objections idéologiques émanant de certaines autorités religieuses, s'ajoutaient les réticences du monde des affaires sensible au coût de l'application d'un tel amendement. La propagande la plus caricaturale agitait l'épouvantail de toilettes communes aux hommes et aux femmes, celui des mariages entre homosexuels, ou celui encore de la conscription des femmes. Face à ce front divers mais uni, les féministes ressentirent le besoin de rechercher de nouvelles alliances. À partir de 1975 se mit en place une politique de coalition dont le premier résultat fut le *US National Women's Agenda* qui gagna de l'ampleur en 1976 et aboutit au rassemblement d'une bonne centaine d'organisations féministes ou citoyennes au sein d'*ERAmerica.* Ce rapprochement, qui permit aussi l'alliance de féministes et de syndicalistes, est à inscrire au compte des retombées positives des obstacles rencontrés. Le féminisme américain sortit alors de son isolement et se trouva galvanisé par l'impérieuse nécessité de ne plus se contenter d'être sur la défensive. Les avancées avaient favorisé l'éclosion de forces hostiles organisées, exacerbées par la question de l'avortement et celle de l'amendement des droits égaux. Il ne s'agissait plus simplement des résistances de quelques machistes inquiets, ou de ménagères affolées par ce qui menaçait de secouer le nid douillet de leurs douces habitudes, mais d'adversaires autrement coriaces. Il allait falloir rassembler ses forces pour faire obstacle à la montée d'une contre-révolution.

1. Publié au cours des années 60, l'ouvrage fit l'objet de nombreuses rééditions pendant les années 70. Sous-titre : *A Guide to a Happy Marriage.*

Deuxième partie

Chapitre 5

LE CORPS DE LA BELLE

Les féministes des États-Unis ont, plus qu'ailleurs, réfléchi et réagi aux rapports qu'entretiennent l'idéologie et l'exploitation du corps des femmes. Confrontées au double mythe de la belle séductrice et de la femme-mère, elles ont lutté sans relâche contre des situations rétrogrades qui opèrent des retours cycliques dans les mentalités collectives comme dans les politiques gouvernementales.

1. Beauté et Santé

Dès le début des années 1920, les livres d'hygiène alimentaire se multiplièrent. Ce ne fut pas un idéal esthétique qui s'exprima d'abord, mais une morale, qui avait déjà commencé à émerger à la fin du XIXe siècle, à l'opposé du mythe de la femme-mère aux formes abondantes : l'excès de poids et de graisse était désormais considéré comme une tare psychologique et sociale.

Après la Seconde Guerre mondiale, se développa l'*anorexia nervosa*, désordre de l'équilibre alimentaire qui, dans de nombreux cas, s'avéra être une maladie grave, voire mortelle. La morale de la minceur, infléchie par une conception codifiée de la séduction féminine, a dégénéré en une véritable obsession de la ligne et du régime amincissant. Impératifs de l'industrie de la mode, stars de Hollywood, presse « féminine », tout cela a imposé une image terriblement contraignante.

Si, dans les années soixante-dix, Jane Fonda fit triompher l'*aerobics*, c'est qu'entre-temps contrôle alimentaire et exercice combinés étaient devenus une obsession. Mais les régimes végétariens aux céréales complètes eurent à rivaliser avec la variété et la prolifération des *fast-food* qui offraient de nouvelles nourritures, à la fois attrayantes, bon marché, et caloriquement très riches. L'écart s'est encore creusé entre les jeunes femmes instruites des banlieues aisées et celles des classes populaires, peu averties des bienfaits de la diététique.

Les États-Unis détiennent le record mondial d'adolescentes mères célibataires et également le record de jeunes anorexiques chez qui la privation de nourriture va de pair avec l'abstinence sexuelle. Cependant, entre l'anorexie de la jeune étudiante ambitieuse et la négligence de l'adolescente mère célibataire, on peut voir se dessiner un modèle commun : c'est toujours le corps, perçu comme le meilleur vecteur de son identité et de ses rêves, qui définit la femme quelle que soit sa classe sociale[1].

Les femmes endurent de véritables tortures pour rester belles. On se fait refaire le nez, lifter le visage, injecter du silicone dans les lèvres, liposucer cuisses et fessiers, étirer, réduire, découper. Aux États-Unis, une femme sur 40 se fait remodeler les seins. Les fabricants de cosmétiques mais aussi la chirurgie esthétique font des profits fantastiques. Le pays le plus riche du monde impose aux femmes régime famélique et découpage au bistouri sur des critères de mode et de séduction.

La beauté reste le devoir premier de la femme. Malgré les avancées féministes sur le plan social et politique, la représentation esthétique et idéologique du corps féminin reste quasiment inchangée : le corps de la Belle à l'Américaine demeure le lieu élu de la féminité, à la fois conditionné par l'économie, façonné par le top-model, imité par des femmes qui ne trouvent aucune échappatoire à une image exactement faite pour fasciner les hommes.

Women's Health Movement

Il convient toutefois de souligner le rôle important joué par le mouvement pour la santé des femmes (*Women's Health Movement*). Issu de la deuxième génération féministe, il a permis d'identifier les problèmes de santé spécifiques des femmes. Il les a aidées à en parler sans honte et à mieux accepter leur différence biologique. Les médecins, des hommes pour la plupart, ne prenaient pas la peine

1. Joan Jacobs Brumberg, « Fasting Girls : The Emerging Ideal of Slenderness in American Culture », 1988, in *Women's America*, par Kerber et De Hart, N.Y. : OUP, 1995, p 374.

d'expliquer à leurs patientes leur constitution particulière, le cycle ovarien, la grossesse, l'accouchement. Les souffrances de la parturiente étaient considérées comme normales. D'où la création d'un mouvement féministe particulier dont l'unique préoccupation a été la santé au féminin, qui a mis en œuvre une campagne de féminisation de la profession médicale, de rééducation des médecins hommes. Le mouvement pour la santé des femmes a placé la différence biologique au premier plan tout en faisant ressortir ce problème fondamental : comment obtenir l'égalité tout en affirmant sa différence biologique d'avec les hommes ?

Ce mouvement débuta modestement, au printemps 1969, lorsque des femmes, sans connaissance particulière de la médecine, participèrent à l'atelier « Les femmes et leur corps » d'un colloque tenu à Boston. Réalisant tout d'un coup ce que l'attitude des médecins contenait de paternalisme condescendant vis-à-vis des femmes, elles décidèrent de s'informer, étudièrent l'anatomie, la physiologie, la sexualité, les maladies vénériennes, le contrôle des naissances, l'avortement, la grossesse et l'accouchement. Puis elles entreprirent d'organiser des séances d'information sur le corps de la femme, partout où cela était possible : chez des particuliers, dans des centres de formation, des écoles d'infirmières ou des églises.

En 1971, certaines militantes regroupées dans l'Association pour la santé des femmes de Boston (*Boston Women's Health Collective*) publièrent un recueil de leurs expériences et conférences sous le titre *Women and Our Bodies*, qui trouva une diffusion rapide dans l'ensemble des États-Unis. En mars, le premier colloque sur la santé des femmes réunit plus de huit cent femmes à New York. Deux ans plus tard, en 1973, après la parution du livre *Our Bodies, Ourselves*, les féministes prirent conscience d'avoir créé un vrai mouvement médical. Les militantes (certaines étaient féministes, mais d'autres le sont devenues au cours de leur enquête) diffusèrent dès lors régulièrement des informations biologiques, et mirent en cause le pouvoir que détenaient les médecins de contrôler les choix des femmes en matière de reproduction. Seuls les médecins pouvaient prescrire la pilule ou vérifier la nécessité d'un avortement thérapeutique pour préserver la vie de la mère. Pourquoi les femmes ne décidaient-elles pas elles-mêmes, pour elles-mêmes ? Il s'agissait donc pour elles de reprendre le contrôle de leur propre corps. Des cours improvisés de gynécologie se mirent en place un peu partout. Des films comme *Health Caring, From Our End of the Speculum* contribuèrent à faire du spéculum le symbole de ce mouvement sanitaire féministe.

À Los Angeles, en 1971, Carol Downer organisa à plusieurs reprises des séances d'observation gynécologique sur son propre vagin. Un an après, plus de deux mille femmes assistèrent à une ou plusieurs de ces séances d'information gynécologique (« *self-help women's clinics* »). Downer fut arrêtée en septembre 1972 par la police de Los Angeles pour pratique illégale de la médecine. Ces expériences étaient considérées comme subversives.

Le sentiment général parmi les féministes fut que Downer avait été arrêtée pour avoir défié la médecine établie et le contrôle que celle-ci exerçait sur la reproduction. Poursuivant l'action de Downer, des militantes incitèrent de plus en plus de femmes à rejeter leur rôle passif de patientes pour défier activement l'autorité médicale toujours majoritairement masculine. Elles apprirent à poser des questions, à exiger certains tests, à en refuser d'autres et surtout, elles demandaient qu'on les prenne au sérieux.

En 1997, Sheryl Gay Stolberg, journaliste, écrivit dans le *New York Times* : « *It was feminism, most experts agree, that changed... medical paternalism. The 1973 publication of Our Bodies, Ourselves by the Boston Women's Health Collective was the turning point. This book taught women to distrust male doctors' authority* ».

La portée du livre fut en effet considérable. Tout d'abord parce que les femmes qui l'écrivirent n'y manifestaient aucun mépris pour la maternité : elles représentaient la grossesse et l'accouchement comme des événements centraux, non seulement dans la vie d'une femme, mais aussi dans celle d'une féministe. Cela reflétait le changement idéologique advenu au milieu des années soixante-dix parmi les féministes. Plutôt que de voir dans la différence entre hommes et femmes la source de l'infériorité de la femme, les femmes commençaient à considérer leur différence comme une source d'orgueil et de confiance en elles : c'est ce que nota l'historienne Hester Eisenstein. L'origine d'un tel changement a tenu, selon elle, au développement des programmes d'études destinés aux femmes, aux groupes de réflexion féministes (« *consciousness-raising groups* ») et aussi à la théorie des féministes lesbiennes qui considéraient comme fondamentale la compréhension par les femmes du fonctionnement de leur propre corps.

À la fin des années soixante-dix, un réseau de santé, le *National Women's Health Network*, s'étendit de Boston à Los Angeles, comprenant des organisations locales, nationales et même internationales. Créé en 1976, il fonctionne aujourd'hui encore. Son but est de contrôler les politiques de santé concernant les femmes. Ce réseau offre également l'occasion unique d'un militantisme qui traverse les classes sociales et les groupes ethniques.

La plupart des militantes de l'action médicale étaient des femmes instruites, d'origine bourgeoise, et blanches : engagées dans la lutte de libération des femmes, c'étaient aussi des infirmières, quelques médecins femmes, des scientifiques. Toutes considéraient que le problème majeur était la rareté de l'information, le manque d'accès aux soins pour les plus pauvres.

Dans les années soixante-dix, pour la première fois, des femmes pauvres ou appartenant à des minorités s'intégrèrent à ces programmes et en devinrent de précieuses auxiliaires. Ensemble, elles contribuèrent à créer des cliniques destinées aux femmes dans des communautés locales. L'accent fut mis non uniquement sur le droit à l'avortement mais sur l'information des femmes quant à leurs droits en matière de reproduction. En 1975, dans l'Ohio, à une rencontre féministe-socialiste, Helen Rodriguez-Trias, militante de l'action médicale, s'attaqua à la question de l'abus de stérilisation des femmes pauvres et fut à l'origine de groupes d'action comme le « *Committee to End Sterilization Abuse* », le « *Committee for Abortion Rights and Against Sterilization Abuse* », le « *Reproductive Rights National Network* », ainsi que d'autres associations dans tout le pays. Ces associations rendirent publique une situation que la classe moyenne blanche ne voulait pas voir : on faisait pression sur des femmes socialement assistées pour qu'elles acceptent d'être stérilisées si elles demandaient un avortement remboursé. Or la liberté de reproduction implique que les femmes, à partir de 1973, avaient droit à l'avortement mais aussi à avoir des enfants si et quand elles le désiraient. En 1975 se forma une organisation nationale destinée à la protection des droits de reproduction des femmes quelle que soit leur origine sociale ou ethnique.

La portée de ce mouvement pour la santé des femmes ne doit pas être sous-estimée : de la contraception à l'accouchement ou au cancer du sein, il a contribué à une remarquable prise de conscience de la spécificité du corps féminin.

La lucidité des femmes quant à l'utilisation qui est faite de leur corps est sujette à avancées et reculs. Mais les avancées ont toujours été dues au travail de réflexion auquel se sont livrées les féministes. Celles-ci ont en particulier contribué à susciter une prise de conscience publique des humiliations physiques et morales infligées aux femmes en raison de leur sexe, ne serait-ce qu'en nommant puis en dénonçant ce qui restait dans le non-dit général.

Les concours de beauté

Le prix de *Miss America* concentre tout ce que les féministes rejettent : la femme-spectacle, la femme consommatrice et objet de consommation uniquement destinée à plaire aux hommes.

Pour le concours de Miss Amérique de 1968, les féministes du groupe radical de New York (*New York Radical Women*) décidèrent d'agir. Les organisatrices avaient toutes milité auparavant soit pour les droits civiques, soit pour la nouvelle gauche contre la guerre du Viêt-nam mais, pour la première fois, elles organisèrent le 7 septembre 1968 la première manifestation exclusivement féministe.

La presse et la télévision étaient là qui s'emparèrent de l'événement, répercuté dans tout le pays. À l'extérieur du bâtiment, un groupe protestataire mit en scène une parodie de concours et couronna un mouton Miss Amérique. Dans une grande poubelle baptisée « poubelle de la liberté », furent jetés pêle-mêle les « instruments de torture » de la féminité traditionnelle : des gaines, des bigoudis, des faux cils, des produits de maquillage, des perruques, des numéros de *Cosmopolitan* et de *Playboy*, et aussi des soutiens-gorges. Obéissant à l'injonction du maire d'Atlanta City de ne pas allumer de feu, les féministes ne brûlèrent pas ces objets. Il n'empêche que la presse de New York fit peu après allusion à des autodafés de soutiens-gorges (« *bra-burning* »). À la même période, avaient lieu des autodafés de papiers militaires par les opposants à la guerre du Viêt-nam, et l'occasion était sans doute trop belle de réunir tous les protestataires dans une même passion incendiaire.

Ce fut en fait la presse qui créa le mythe le plus tenace concernant le mouvement de libération des femmes : les féministes brûlaient leurs soutiens-gorges pour protester contre leur statut dans la société américaine. À cette époque, les journalistes ne voyaient pas encore bien la différence entre révolution sexuelle et libération des femmes. Brûler des soutiens-gorges, c'était sexy et cela faisait vendre. Les féministes n'apprécièrent guère cette récupération railleuse de leur lutte mais, en même temps, la médiatisation attira l'attention sur leur mouvement et cela s'avéra payant à long terme.

Des féministes, parmi lesquelles des organisatrices, critiquèrent la manifestation dont les slogans avaient tourné en dérision les candidates au lieu d'attaquer le concours lui-même. Selon elles, il ne fallait pas s'aliéner, par la violence verbale, l'ensemble des femmes américaines encore peu sensibilisées aux arguments féministes. Il faut dire que le style protestataire des mouvements de la nouvelle gauche dont venaient la plupart des féministes radicales de cette époque, se voulait délibérément provocateur, ou alors exagérément chargé de jargon théorique. Cela n'était pas fait pour convaincre la ménagère américaine, incapable de s'identifier à des contestataires qui, lors de manifestations spontanées scandaient, par exemple, « *FUCK HOUSEWORK* ».

Malgré tout, l'idée fit son chemin et en 1989, au concours de *Miss California*, ce fut une candidate elle-même qui déroula une bannière sur laquelle on pouvait lire : « les concours de beauté font du mal à toutes les femmes ».

2. Libération sexuelle ?

Révolution sexuelle

Playboy fit ses débuts en 1958. La pilule arriva sur le marché en 1960. Les lois sur la pornographie furent allégées en 1969, et 1973 vit la légalisation de l'avortement. On parlait depuis quelque temps déjà d'une Révolution sexuelle dont *Playboy* se voulait le fer de lance. Les femmes accédèrent à une liberté sexuelle qu'elles n'avaient jamais connue. Mais si la contreculture libertaire privilégiait la liberté, elle ne se souciait pas vraiment d'égalité. Le pénis restait roi, et même dans les mouvements protestataires gauchistes des années soixante le rôle des femmes était bien défini : c'était le repos du guerrier. La sexualité était épanouissement et défoulement... pour l'homme. Les femmes, elles, comprirent vite que cette révolution était un mythe de plus.

Dans les groupes de libération des femmes (*Women's Lib*), les jeunes femmes mirent en commun leurs déceptions. Elles parvinrent à se parler entre femmes comme jamais auparavant. Beaucoup ne se sentaient pas comprises par les hommes dans leur sexualité. La plupart avouèrent avoir feint l'orgasme par peur d'être accusées de frigidité. En 1968, Anne Koedt publia « *The Myth of the Vaginal Orgasm* », essai devenu sur le champ un classique de la littérature féministe.

En 1971, parut le livre de l'Australienne Germaine Greer, *The Female Eunuch.* Elle y prônait la libération sexuelle comme préalable à toute libération de la femme. Un débat historique eut lieu à l'Hôtel de Ville de New York entre Germaine Greer et Norman Mailer, en 1973, après la publication du livre de Mailer, *Prisoner of Sex*, qui attaquait le mouvement féministe. L'argument de Greer était que les femmes mariées et les mères de famille n'avaient plus aucun plaisir sexuel. Selon elle, les relations sexuelles du couple étaient réduites à un schéma sadomasochiste sous la domination de l'homme. Elle ne réclamait pas l'égalité, mais simplement le plaisir pour les femmes jusque-là assignées à un travail sexuel forcé. Elle se situait à part parmi les féministes à cause de la place prépondérante qu'elle accordait au plaisir sexuel des femmes, rejetant tout puritanisme contraignant, toute moralisation outrancière qui sont, il faut bien le dire, assez caractéristiques des mouvements réformistes américains.

Erica Jong aborda elle aussi cette question du plaisir sexuel féminin dans son best-seller de 1972, *Fear of Flying*[1]. Jong ne fut pas toujours bien comprise par les médias ni même par les féministes car elle établissait une distinction subtile entre l'émancipation sexuelle et l'indépendance des femmes. Il reste que Jong a su capter la confusion dans laquelle se trouvaient les femmes au moment où tout

1. Erica Jong, *Fear of Flying*, New York : Signet, 1973.

le monde proclamait leur libération. Ce furent deux militantes intellectuelles de cette génération, Deirdre English et Barbara Ehrenreich, qui eurent le mot de la fin sur cette génération « libérée » : « *Sexual liberation : The Shortest Revolution* ».

Presse et publicité

À la fin des années soixante, un an après la manifestation féministe au concours de *Miss America*, les militantes prirent pour cibles ce qu'elles considéraient comme des délits sexistes, en particulier dans la publicité et dans la presse. L'industrie publicitaire américaine utilisait le corps des femmes pour vendre non seulement de la lingerie sexy, mais aussi des voitures ou des tronçonneuses. Les féministes s'attaquèrent donc à l'affichage publicitaire sexiste et surtout à la presse pornographique.

Elles intervinrent partout en Amérique sur la scène culturelle pour dénoncer les journaux qui trouvaient un financement dans l'industrie pornographique (essentiellement sous la forme de publicité), y compris les publications dites révolutionnaires. Pour les militantes, il n'était pas question de payer les frais de la « révolution » si urgente fût-elle, en exploitant le corps des femmes. Les féministes s'intéressèrent aux sources de financement de ces journaux, qui malgré un faible lectorat, semblaient tenir le coup. Elles n'hésitèrent pas à les dénoncer publiquement et à en saboter la publication en s'assurant de la complicité des femmes employées à la rédaction.

Les féministes manifestèrent contre Hugh Hefner, l'éditeur du magazine *Playboy*, créé en 1958. Il se voulait libéral, finançait le mouvement de protestation contre la guerre du Viêt-nam. Mais comment pouvait-on à la fois protester contre la guerre, et exploiter l'image de la femme, écumer les campus universitaires à la recherche de modèles pour ses photos ? Des militantes se mirent à manifester devant tous les clubs *Playboy* des États-Unis. À Chicago, l'Union de Libération des Femmes partit en guerre contre Hefner. De la colle fut systématiquement répandue chez les marchands de journaux sur les magazines *Playboy*. Les manifestations de ce genre se multiplièrent. Mais elles ne furent comprises ni par le grand public, qui appréciait plutôt l'image de la femme idéalement belle et sexy diffusée par *Playboy*, ni par les groupes gauchistes ou anarchistes dirigés par de jeunes hommes qui s'imaginaient que la révolution sexuelle avait libéré la femme. Les activistes du mouvement de libération des femmes firent donc l'objet de deux types d'accusation : hystérie et pudibonderie.

Féminisme et pornographie

Sur le sujet de la pornographie, pourtant, les féministes sont divisées. Les divergences portent sur la définition de ce qui est pornographique, sur les conséquences mesurables des représentations pornographiques, et sur la façon de s'en débarrasser.

Pour le plus grand nombre de féministes, la pornographie est une violence sexuelle qui contribue à maintenir la domination et le contrôle du corps de la femme par l'homme. L'industrie pornographique offre une image dégradante de la femme, elle exploite des femmes particulièrement vulnérables, et abuse trop souvent d'elles d'une façon qui confine au viol et à la torture. Comment obtenir gain de cause cependant, puisque l'interdiction de toute littérature ou représentation pornographiques se heurte à la clause de la liberté d'expression énoncée dans le premier amendement de la Constitution ? Les défenseurs de la pornographie se fondent sur l'idée d'une liberté d'expression où la pornographie, dans toutes ses représentations, est une façon de s'exprimer comme une autre, et dénoncent la pudibonderie des féministes.

Les féministes hésitèrent à attaquer la pornographie par crainte de paraître trop prudes à une époque où le crime majeur était d'être « coincée » en matière de sexe. Mais à la fin des années 1970, Andrea Dworkin et Catharine MacKinnon ont réfléchi et écrit sur la pornographie, contribuant à une prise de conscience des féministes qui placent désormais la pornographie au même rang que le viol ou toute autre violence sexuelle[1]. Selon Dworkin et MacKinnon, les femmes ne sont pas seulement soumises par leur rôle de mères et d'éducatrices, mais aussi par la sexualité : « *Sexuality is to feminism what work is to Marxism, that which is most one's own, yet most taken away. [...] [It is] the primary sphere of male power... the linchpin of gender*

1. Andrea Dworkin, *Pornography : Men possessing Women*, New York : Perigee, 1979.

inequality[1] ». Ces commentaires éclairent parfaitement le rôle que joue la soumission physique de la femme dans l'excitation que provoque la pornographie. La femme libérée — qui décide quand et comment se passeront ses relations sexuelles — est une menace pour l'amateur de pornographie dont le trait dominant est précisément le pouvoir dans le contrôle de la sexualité de ses partenaires.

La plupart des féministes ne se limitent pas à une conception puritaine des représentations de corps nus s'adonnant à l'acte sexuel. Pour elles, la pornographie est ce qui va au-delà de l'obscène. C'est l'incitation à considérer la femme comme un objet sexuel déshumanisé, utilisé, violenté. Kate Millett, la première, dans *Sexual Politics*, livre publié en 1970, osa attaquer l'inattaquable, les romans de Henry Miller, littérature exaltant une esthétique érotico-pornographique où des personnages féminins trouvent du plaisir à se soumettre aux hommes comme de simples objets. Elle déclara que si les lecteurs y trouvaient leur compte d'excitation, ce n'était pas le cas des lectrices. Le livre de Millett, à l'origine de la critique littéraire féministe, montre comment les représentations érotiques et pornographiques sont le fruit de fantasmes uniquement masculins imposés aux femmes. Son livre eut un retentissement immense. Il contribua à la prise de conscience par des millions de femmes américaines de leur aliénation sexuelle.

À cause de la tradition puritaine américaine, la production et la vente de matériel pornographique qualifié d'obscène furent longtemps condamnées par la loi (*Comstock Law*, 1873). Même la littérature fut touchée : ainsi, longtemps après Walt Whitman qui eut en son temps des démêlés avec la censure, le livre d'Henry Miller *Tropic of Cancer*, le *Lolita* de Nabokov, l'*Ulysses* de Joyce, publiés en Europe, ne purent trouver d'éditeur en Amérique, en dépit de leur mérite littéraire. Ce n'est qu'en 1973, sous la pression d'écrivains, d'artistes et de défenseurs de la liberté d'expression, que la Cour Suprême modifia la définition, jusque-là en vigueur, de l'obscénité. Désormais les « descriptions sexuelles directes » furent autorisées dans les ouvrages littéraires. Bien que ce ne fût pas là l'intention de la Cour, la pornographie se mit à proliférer à partir de cette décision.

1. Catharine MacKinnon, « Feminism, Marxism, Method, and the State : An Agenda for Theory », *Signs* 7, no. 3 (Spring 1982). Cité par Sheila Tobias, *Faces of Feminism*, p. 183.

En 1976, après la sortie du film pornographique *Snuff* qui mettait en scène des femmes torturées, violées, éviscérées, fut créée la première organisation féministe contre la pornographie. La même année, dans la région de San Francisco, *Women Against Violence in Pornography and the Media* organisa la première marche appelée « Reprendre la nuit » (« *Take back the Night* »). Il s'agissait d'une marche de nuit, destinée à exiger que les femmes puissent sortir le soir, comme les hommes, sans être inquiétées. À New York, un autre groupe, *Women Against Pornography*, mit sur pied des tournées dans les sex-shops et les lieux de prostitution autour de Times Square.

Le mouvement anti-pornographique prit énormément d'ampleur dans les années quatre-vingt. La pornographie y était définie non seulement comme ce qui était obscène, mais comme tout ce qui représentait explicitement la subordination sexuelle de la femme. Aussi elle ne pouvait être protégée au nom de la liberté d'expression, telle qu'énoncée dans le premier amendement, puisqu'elle constituait en soi un véritable préjudice à la liberté individuelle.

Cependant, un groupe d'intellectuelles féministes, sans affinité particulière avec la pornographie, ne comprenait pas l'activisme féministe qui se concentrait sur ce seul problème. Il leur semblait plus important de se mobiliser pour la protection des femmes dans l'industrie et sur leurs conditions de travail. Mais surtout, elles reprochaient à Dworkin et MacKinnon de vouloir protéger les femmes en les désexualisant, de faire porter le doute sur toute pratique sexuelle, d'adopter des idéaux victoriens de conduite féminine, d'encourager la censure et d'exagérer la passivité des femmes en matière sexuelle. Elles invoquaient aussi le premier amendement de la Constitution (liberté d'expression et de la presse) et son interprétation. Toute tentative pour en réduire la portée — en interdisant la pornographie, par exemple — risquait, selon elles, de se retourner contre les féministes, les minorités, les marxistes, les lesbiennes, les gays. Le mouvement anti-anti-pornographie obtint un certain succès dans les milieux féministes.

En 1981, Gayle Rubin, Amber Hollibaugh et Deirdre English publièrent un article intitulé « *Talking Sex* » dans lequel elles attaquaient à nouveau le mouvement anti-pornographie, lui reprochant d'assimiler activité sexuelle et humiliation. Pour elles, les attaques contre la pornographie contribuaient à engendrer la peur et à réprimer des fantasmes partagés tout autant par les femmes que par les hommes (y compris le fantasme du viol).

La question de la pornographie creusa l'écart entre les hétérosexuelles et les lesbiennes à l'intérieur du mouvement féministe. Mais les lesbiennes elles-mêmes n'étaient pas toutes d'accord sur la sexualité. Alors que beaucoup soutenaient le mouvement anti-pornographie, d'autres réclamaient une certaine tolérance pour une activité sexuelle variée. Les « lesbiennes politiques », ou « *Nouveau-lesbians* », celles qui étaient venues à l'homosexualité féminine par l'intermédiaire des mouvements de libération des femmes, avaient une vue irréaliste, sentimentale et douce de la sexualité féminine. Les autres, les « vraies » lesbiennes pensaient rester réalistes en acceptant l'existence de pulsions sexuelles violentes et parfois sadomasochistes. Pour les militantes du mouvement anti-anti-pornographie, toute activité sexuelle était acceptable à partir du moment où elle était fondée sur le consentement mutuel des partenaires. D'autres féministes prétendaient que c'était sur la pauvreté et non sur la pornographie que le débat devait porter.

Violence sexuelle : viol, femmes battues

En 1971, l'écrivaine féministe Susan Griffin rompit le silence qui entourait ce secret honteux qu'était encore le viol. Son article, publié dans le magazine *Ramparts* (nouvelle gauche) était intitulé : « *Rape : The All-American Crime* ». Pour Griffin, le viol n'était pas un acte perpétré par convoitise sexuelle mais une affirmation violente de pouvoir sur une femme. Non seulement le viol était courant, mais il visait des femmes de tous âges. Ce fut aussi Griffin qui, la première, montra qu'un seul violeur suffisait à empêcher toutes les femmes de sortir seules, d'aller à des cours du soir, de prendre des emplois de nuit. Les rues et la nuit appartenaient aux hommes.

Afin de rendre public le taux élevé de viols, le groupe des Féministes radicales de New York organisa une session de témoignages en janvier 1971. Il apparut à l'évidence que la façon dont étaient traitées les victimes de viols était particulièrement scandaleuse.

En 1975, la parution du livre de Susan Brownmiller *Against Our Will Men, Women and Rape*[1] qui révéla le caractère universel du viol, eut un très grand retentissement dans les milieux féministes. Partout dans le pays se mirent en place des cellules de crise et des organisations spécifiquement destinées à informer, et à lutter contre le viol. Les progrès furent bientôt visibles : des formations furent organisées pour sensibliser les policiers, les médecins et les infirmières des hôpitaux. La femme violée devait désormais être traitée non comme une dévergondée, mais comme une victime qui avait subi un grave traumatisme. Beaucoup d'États modifièrent leurs lois sur les preuves à fournir au cours des procédures, afin que la victime ne fût pas systématiquement interrogée sur son passé sexuel. Ces changements survenus en moins de vingt ans ont radicalement modifié l'attitude des femmes : désormais elles osent plus souvent porter plainte.

Deux causes célèbres défrayèrent la chronique en 1974 et 1975 : deux femmes, l'une d'origine hispanique, l'autre noire, tuèrent leur violeur. La légitime défense fut invoquée par les avocats soutenus par les groupes féministes. Elles furent finalement acquittées. Leurs cas, très largement médiatisés, firent apparaître au grand jour l'ubiquité du viol, particulièrement en ce qui concerne les femmes des minorités, mais aussi leur droit de se défendre.

La réflexion sur le viol mena plus loin, jusque dans les foyers où les féministes révélèrent le viol légal : celui d'une femme par son mari. Ni la femme mariée, ni la prostituée, n'étaient censées être violées, parce que pour l'une c'était un devoir, pour l'autre un métier. En 1975, Diana Russell publia *The Politics of Rape* qui dévoilait le secret du viol marital. En donnant un nom à ces crimes cachés, les féministes furent à l'origine de débats nationaux qui transformèrent ce qui était de l'ordre de la coutume en délit pénal. En 1997, les 50 États des États-Unis avaient reconnu le viol marital comme un délit.

De même, sur la plupart des campus américains, pendant les années quatre-vingt et quatre-vingt-dix, des débats eurent lieu pour apprendre aux jeunes filles la façon de manifester clairement leurs

1. Susan Brownmiller, *Against Our Will : Men, Women and Rape*, New York : Bantam, 1975.

intentions à leur « copain », et aux jeunes gens à comprendre que « non » veut dire « non ».

Pour les femmes noires, le sujet était plus brûlant encore. Au temps de l'esclavage, les femmes noires avaient subi le viol de la part du maître blanc et des hommes noirs de leur entourage dans des proportions difficiles à imaginer. Pour elles, le viol n'était pas seulement un crime sexuel, c'était aussi un crime racial, le symbole de leur double asservissement en tant que femmes noires — une subordination à l'homme noir, une domination de l'homme blanc.

Les féministes s'attaquèrent à tous les aspects de l'exploitation et du crime sexuels : la pornographie, le viol, mais aussi l'inceste et la violence domestique. Entre 1974 et 1980, les féministes créèrent des abris pour femmes battues et formèrent des groupes de pression pour obtenir des réformes sociales et légales. Elles parvinrent à créer des lieux d'accueil pour ces femmes renfermées sur leur secrète terreur. En 1982, on comptait trois cents abris. Le fait de battre sa femme n'était plus une coutume presque tolérée, cela devint un délit passible de peines de prison.

Le harcèlement sexuel

Le livre de la juriste Catherine MacKinnon, *Sexual Harassment of Working Women*, paru en 1979, produisit un effet comparable à celui de Susan Brownmiller sur le viol : une prise de conscience nouvelle, une révision complète des positions et des modes d'action.

Aucune loi spécifique n'existait concernant le harcèlement sexuel. Même les féministes n'en voyaient pas la nécessité, puisque le titre VII de la loi sur les droits civiques de 1964 était censé protéger les femmes contre toute discrimination dans l'emploi. Des avocates féministes comme MacKinnon saisirent les tribunaux fédéraux pour des cas de harcèlement sexuel dès le milieu des années soixante-dix. Mais c'est à la Commission pour les chances égales dans l'emploi (« *Equal Employment Opportunity Commission* ») qu'il revint d'avoir rajouté le harcèlement sexuel à ses Directives concernant la discrimination (« *Guidelines on Discrimination* »), en 1980. Ces directives précisent que les avances sexuelles non sollicitées, les demandes de faveurs sexuelles, et toute attitude ou parole de nature sexuelle, constituent un harcèlement sexuel lorsque, implicitement ou explicitement, elles sont liées à des conditions ou décisions d'emploi, à des promesses de promotion, à l'établissement d'un climat malsain affectant le travail d'un individu, ses performances ou ses résultats universitaires. Depuis la publication de ces directives en 1980, les plaintes pour harcèlement sexuel enregistrées par la *EEOC* se situent entre 4 000 et 5 000 chaque année. Cependant, ces plaintes ne font pas les gros titres et restent circonscrites localement aux entreprises concernées.

Deux cas célèbres exposèrent le harcèlement sexuel sur la scène publique et politique, dans les années 1990. Celui de Anita Hill, juriste employée dans une organisation gouvernementale, qui, en octobre 1991, témoigna contre son ancien directeur, Clarence Thomas, lors d'auditions devant le Sénat des États-Unis pour l'investiture de ce dernier en tant que juge à la Cour Suprême. Anita Hill ne put fournir aucune preuve ; seule sa parole pouvait valoir contre celle de Clarence Thomas qui nia les faits. La commission sénatoriale, entièrement composée d'hommes, donna raison à Thomas et rejeta les accusations de Hill.

Si, au moment des auditions, la plupart des Américains se rangèrent du côté de Thomas, ils ont changé d'avis un an plus tard, pensant qu'Anita Hill avait dit la vérité. Ce revirement est dû aux innombrables débats d'opinion sur la nature du harcèlement sexuel qui ont suivi cette affaire d'ampleur nationale. Quatre ans plus tard, Bob Packwood, accusé de harcèlement sexuel, fut contraint de démissionner de son poste de sénateur de l'Oregon.

Grâce à l'énorme couverture médiatique de ces cas, et d'autres tout aussi fameux (concernant l'armée et la Marine nationales, le champion de boxe Mike Tyson, le footballeur O.J. Simpson) le public commence à prendre conscience du fait que les délits sexuels identifiés par les féministes dans les années soixante-dix existent, et ne sont plus acceptables.

3. La contraception

Aux États-Unis, la pilule contraceptive fut mise sur le marché en 1960. Le choix de l'avortement devint légal en 1973. L'accès libre à la pilule et la possibilité d'avorter n'appartiennent pas tout à fait à la même époque de préoccupations féministes, mais ils sont l'un comme l'autre l'aboutissement d'une longue lutte pour la libération des femmes dans la maîtrise de leur maternité, entreprise dès le début du siècle par Margaret Sanger et son mari.

Une liberté politique

Longtemps, le statut inférieur des femmes fut associé à leur fonction de reproductrices. Sans contraception, une femme pouvait passer sa vie, entre quatorze et cinquante ans, confinée à la maison parce qu'elle était enceinte, qu'elle allaitait, qu'elle s'occupait de ses enfants en bas âge. Son corps se déformait au gré des grossesses successives, son espérance de vie était réduite par les risques de l'accouchement. Elle n'avait donc guère l'occasion de rivaliser avec les hommes en politique, en société, dans le monde professionnel, sauf à renoncer au mariage et à toute vie familiale.

À la fin des années soixante, les féministes virent la nécessité de redéfinir ce qui était du domaine de la politique — généralement entendue comme participation aux affaires de l'État — pour y inclure la politique des rôles sexuels, dans le travail et dans la famille. Kate Millett, auteur en 1970, de *Sexual Politics*, élargit la notion du politique aux relations de pouvoir entre hommes et femmes dans tous les domaines de la société, y compris celui de la maternité. À partir du moment où des lois interdisent l'avortement ou la contraception, la reproduction n'est pas d'ordre privé, n'appartient pas à une quelconque « nature » féminine et ne dépend pas du choix de la femme dans la maîtrise de son corps : elle est politique.

L'autorisation de la pilule contraceptive, généralisée en 1963 — contemporaine de la parution du livre de Friedan, *The Feminine Mystique* — opéra une révolution dans les mentalités, dans les mœurs et dans la vie familiale et économique des femmes.

Le contrôle des naissances

Et pourtant dès les années 1910, certaines féministes réclamaient déjà ouvertement la liberté sexuelle (« *free love* ») en même temps que le vote ; toutes dénonçaient l'esclavage sexuel des femmes dans le mariage, qui allait de pair avec leur dépendance économique.

Au début du XXe siècle, au moment même où le Président Theodore Roosevelt déplorait le contraste entre le taux de fécondité des Américaines blanches de souche et celui, galopant, des femmes nouvellement immigrées (en provenance des pays du sud de l'Europe), Margaret Sanger et son mari commencèrent à militer pour une vie sexuelle plus épanouie, dissociée de la reproduction.

En exerçant la profession d'infirmière et de sage-femme dans les quartiers les plus défavorisés de New York avant la Première Guerre mondiale, Margaret Sanger (1879-1966), fut, au quotidien, le témoin impuissant de la détresse des femmes. Les plus pauvres étaient celles qui avaient le plus d'enfants, et qui en perdaient le plus, faute de moyens, de soins et d'éducation. Dès lors, pour Sanger, le droit des femmes à contrôler leur vie reproductive devint le combat féministe par excellence, plus important que celui pour le droit de vote. Elle lança, en 1914, *The Woman Rebel*, un mensuel destiné à renseigner les femmes sur les moyens d'effectuer ce qu'elle appela « le contrôle des naissances ». Condamnée selon la loi Comstock de 1873 qui assimilait toute information concernant la contraception à du matériel pornographique et obscène, Margaret Sanger s'exila en Angleterre avec son mari et ses trois enfants. Là-bas, elle rencontra Havelock Ellis, psycholologue et sexologue bien connu des milieux féministes anglais pour son prosélytisme en faveur de l'épanouissement sexuel de la femme et de la contraception. De retour à New York, les Sanger militèrent de plus belle pour le contrôle des naissances et, en 1916, ouvrirent une clinique — *Brownsville Clinic* — ce qui leur valut de mémorables confrontations avec les autorités. Incarcérée à la suite d'une nouvelle condamnation pour trouble de l'ordre public, Margaret Sanger continua à militer à l'intérieur même de la prison. À sa sortie, elle divorça et épousa un riche producteur de pétrole qui mit des fonds à sa disposition pour fonder en 1921 la ligue pour le contrôle des naissances (*American Birth Control League*). Cette association est devenue, en 1942, la Fédération Américaine du Planning Familial.

Après les années 1920 et un militantisme acharné pour une cause que la plupart des réformateurs plaçaient au second plan, Sanger parvint tout de même à éveiller l'intérêt du public et à susciter des soutiens importants. Son organisation prit une dimension internationale dès 1925. Aux États-Unis, elle lutta pour l'élaboration d'une loi qui autoriserait les médecins à donner informations et conseils concernant le contrôle des naissances à leurs patientes. Elle obtint satisfaction en 1937. Elle reçut une aide considérable de Katherine Mc Cormick, féministe fortunée qui, au début des années cinquante, subventionna la recherche en endocrinologie nécessaire au développement de la pilule contraceptive.

Ainsi ce n'est qu'au milieu du XXe siècle, grâce à l'obstination et aux recherches de Sanger et de Mc Cormick, que des moyens de contraception fiables furent mis au point pour permettre aux femmes de séparer vie sexuelle et reproduction. Cette vie sexuelle de la femme fut longtemps un tabou ; seule celle de l'homme était reconnue, y compris dans ses excès. Celle des femmes était circonscrite par les sermons, les manuels de vie conjugale, et toutes sortes de sources religieuses et morales dictant à la femme sa conduite. Tout ceci montre l'intérêt d'une histoire de la sexualité dans laquelle la notion biologique de sexe se mêle à celle, sociale, de genre.

Pour les générations de femmes contemporaines, la contraception est une évidence, le plaisir sexuel aussi. Les luttes des militantes de la contraception, la courageuse croisade de Margaret Sanger, sont oubliées, comme est oubliée l'histoire très récente de cette libération qui ne date, en Amérique que de 1960, en Europe de 1967, et encore, grâce à l'action semi-clandestine du planning familial des premiers temps.

La réaction

Beaucoup de femmes s'opposèrent aux idées de Sanger à son époque : la contraception dévalorisait la femme-mère en favorisant la promiscuité sexuelle. De nos jours encore, la participation de Sanger à la libération de la femme reste matière à controverse en raison des questions fondamentales qu'elle soulève en ce qui concerne la démographie, les rapports de force entre hommes et femmes mais aussi entre groupes majoritaires et minorités.

Pour les militantes noires des mouvements du Black Power, par exemple, l'utilisation de la pilule, contre la volonté de leurs compagnons de lutte, constitua la première étape d'une prise de conscience féministe. Les leaders noirs insistaient en effet pour que les femmes n'utilisent aucun moyen de contraception, et qu'elles fassent le plus possible d'enfants, afin de déjouer les intentions génocidaires qu'ils prêtaient aux Blancs. Et puis la « Révolution » avait besoin de bras. Les femmes noires ont finalement compris leur double assujettissement, au racisme, certes, mais aussi au sexisme. Au sexisme, elles ont opposé la pilule.

Les forces conservatrices sont toujours à l'œuvre. Les années quatre-vingt, marquées d'un fort conservatisme, ont vu se développer, campagnes de presse à l'appui, la peur d'un tarissement des naissances (*birth-dearth*). Régulièrement, le *Reader's Digest* publie des articles « scientifiques », étayés par des citations et des statistiques en provenance de sommités du monde médical, sur les risques cancérigènes ou cardiaques, visant à mettre les femmes en garde contre les méfaits de la contraception orale prolongée. Par un retour ironique de l'histoire, les risques de la pilule contraceptive, négligés jusque-là par mépris de la santé des femmes, sont dès lors exploités à des fins idéologiques. Dès 1969, des féministes du *Women's Health Movement* avaient en effet commencé à poser des questions sur la prescription indifférenciée de la pilule, sur les effets secondaires d'une prise prolongée et sur les dangers encourus.

Les risques et les avantages de la contraception font l'objet d'études médicales aussi précises que contradictoires. Le courant conservateur actuel, appuyé par une partie non négligeable du corps médical, prêche pour une maternité précoce, l'allaitement maternel, présenté comme meilleur, pour la présence sécurisante de la mère à la maison, etc. À la suite de Betty Friedan, Kate Millett, notait en 1970 dans *Sexual Politics*, que ce sont les professionnels des sciences sociales, les éducateurs et les médecins, qui ont directement contribué au maintien du pouvoir patriarcal en définissant pour les femmes ce qui est sain et normal et ce qui ne l'est pas.

Ce que les partisans du retour à l'ordre ancien n'oublient pas, c'est que la contraception est le principal facteur de la libération de la femme, non seulement de sa libération sexuelle mais aussi de sa libération économique et sociale. Parce qu'elle peut décider à quel moment elle désire un enfant, la femme peut enfin envisager d'avoir une vie à elle, une carrière, une existence professionnelle hors de la maison : elle peut faire son entrée dans la société, devenir une personne à part entière, indépendante et socialement intégrée. Elle entre ainsi en compétition avec les hommes, constituant une menace au pouvoir et à l'ordre patriarcal établi.

Margaret Sanger avait plus de 80 ans lorsque la pilule contraceptive fut mise sur le marché. Mais le changement en matière de législation fut lent et il fallut attendre le cas *Griswold v. Connecticut*, en 1965, pour que la Cour Suprême fasse annuler une loi de l'État du Connecticut qui interdisait l'utilisation de contraceptifs, même par des couples mariés. La Cour déclara alors que le choix des couples mariés en matière de contrôle des naissances était un droit d'ordre privé et ne devait dépendre d'aucune loi. Ce droit (« *right to privacy* ») ne fut reconnu aux couples non mariés qu'en 1972. Il allait s'avérer de la plus haute importance pour les femmes — autant peut-être que le droit de vote — car il fut étendu, en 1973, au cas de l'avortement : il serait désormais laissé à la décision de la femme de poursuivre ou d'interrompre une grossesse, ce choix étant d'ordre privé.

4. Le droit à l'avortement

Le combat né des luttes pour les droits civiques des années soixante et soixante-dix, fit du droit à l'avortement une priorité. La deuxième génération de féministes remporta alors, en 1973, un succès éclatant : ayant à statuer sur le cas Roe contre Wade (*Roe v. Wade*), la Cour Suprême autorisa l'avortement pendant le premier trimestre de la grossesse. Les féministes se réjouirent de leur victoire et se démobilisèrent. Pour certaines d'entre elles, la décision de la Cour fut une surprise : elles avaient le sentiment que l'ensemble de la population, peu informé, n'était pas préparé à aborder cette question. N'était-il pas trop tôt pour crier victoire ?

« Le droit à la vie » (*Right-to-Life*)

Ce fut en effet le moment où les forces religieuses conservatrices, déjà galvanisées par la lutte contre l'*ERA* (*Equal Rights Amendment*), passèrent à l'attaque. Le mouvement « *Right-to-Life* » (droit à la vie), n'aura de cesse de faire annuler l'arrêt de la Cour. Il invoquait les chiffres : le nombre d'avortements pratiqués légalement ne se situait-il pas, à partir de 1973, entre 1 million et 1 million et demi par an ? Bien entendu, il est d'autres chiffres auxquels on n'aura jamais accès : ceux, largement aussi nombreux, des avortements clandestins pratiqués avant la légalisation de l'avortement et aussi avant l'accès à la contraception. (À titre de comparaison, les avortements clandestins en France avant l'adoption de la loi Weil en 1974, rendue définitive en 1979, sont estimés à 600 000 par an.) En outre, pratiqués dans des conditions souvent précaires quant à l'hygiène, ils entraînaient dans de nombreux cas une stérilisation définitive et parfois la mort de la patiente. Les morts dues aux avortements clandestins avant 1973 aux USA sont estimées à 200 par an. On peut alors se demander ce que signifie « droit à la vie ».

Le mouvement « *Right-to-Life* » trouva ses plus fervents supporters parmi les catholiques — l'Église catholique leur prêtant son soutien institutionnel. Mais il put aussi compter sur les Mormons, ainsi que sur les groupes protestants les plus fondamentalistes (*Moral Majority* du pasteur Jerry Falwell). Le mouvement ne se contenta pas de prendre des positions religieuses ou morales. S'il n'était officiellement affilié à aucun parti, si son programme semblait restreint (l'abrogation de l'arrêt *Roe v. Wade*), ses visées étaient politiques. Avec la Nouvelle Droite (*New Right)* — coalition d'ultra-conservatisme et d'extrême-droite religieuse —, les services s'échangeaient : le soutien politique à « *Right-to-Life* » trouvait sa réciproque dans celui qu'apportait « *Right-to-Life* » au mouvement « *StopERA* » de Phyllis Schlafly. D'autre part, la campagne de « *Right-to-Life* » trouva maints échos favorables dans le parti Républicain. Il contribua ainsi pour une large part à l'arrivée des Républicains conservateurs au pouvoir en 1980 avec l'élection de Ronald Reagan, puis celle de George Bush en 1988. Au fil des années et particulièrement à la fin des années quatre-vingt, « *Right-to-Life* » comme la Nouvelle Droite, s'acharnèrent à éradiquer le droit à l'avortement. L'enjeu était plus vaste. Ce qui était insupportable à leurs yeux, c'était l'égalité des droits (ils réussirent à repousser la proposition d'amendement pour l'*E.R.A*), c'étaient les acquis des féministes, leur avancée progressive.

L'offensive

Pour toutes celles et tous ceux qui soutenaient le droit des femmes de choisir de mettre fin à une grossesse non désirée, la décision de la Cour Suprême en 1973 (*Roe v. Wade*) semblait avoir réglé le problème une fois pour toutes. Cette décision avait été suivie en 1976 par celle de la Cour dans « *Planned Parenthood v. Danforth* » spécifiant qu'un État (en l'occurrence le Missouri) n'était pas autorisé à exiger l'assentiment du mari lorsqu'une femme mariée choisissait d'avorter. Dans les années 1980, l'avortement devint une pratique chirurgicale courante. Mais l'opposition organisa une réaction virulente, militante, créant un puissant élan populaire.

L'action politique

Ainsi, dès la décision de 1973, les groupes de « *Right-to-Lifers* » firent des propositions répétées d'amendement à la Constitution, sous prétexte de protéger le droit à la vie. Le fœtus aurait le statut de « personne ». L'avortement serait un meurtre. L'amendement ne fut jamais voté par le congrès. Mais il s'en fallut de peu.

Cependant, diverses lois furent votées à partir de 1976 sous l'impulsion du Représentant Henry Hyde, Républicain de l'Illinois, restreignant le budget alloué par l'État fédéral au programme d'aide sociale *Medicaid*. Ces lois visaient à interdire l'utilisation de fonds publics aux fins de remboursement de l'avortement, même dans le cas d'un avortement déclaré médicalement nécessaire. Cela défavorisait évidemment les plus pauvres pour qui l'avortement devint une pratique trop onéreuse. Ces lois furent pourtant soutenues par la Cour suprême en 1980 (*Harris v. McRae*). Les gouvernements Reagan et Bush parvinrent à imposer des restrictions budgétaires encore plus astreignantes, et même à interdire aux médecins et infirmières intervenant dans des hôpitaux ou des cliniques subventionnés par l'État, d'informer ou de conseiller les patientes sur l'avortement. Le « *A-word* » (*A* pour « *abortion* ») fut désormais proscrit.

La dernière reculade du gouvernement fut l'accord conclu fin 1999 entre la Maison Blanche et les Républicains du Congrès, accord qui fit l'objet d'un projet de loi. Il s'agissait d'un marché qui combinait deux choses apparemment sans aucun lien : d'une part la dette des États-Unis aux Nations unies (gros retard de cotisations) et l'avortement. Le Congrès donnerait son aval au financement des cotisations en retard, en échange d'une baisse substantielle de l'aide qu'apportait l'Agence pour le Développement International (*Agency for International Development*), organisation qui dépend des Affaires étrangères, aux différents groupes de planning familial à l'étranger, amenés à donner des conseils et de l'aide concernant l'avortement. Les défenseurs du droit à l'avortement dénoncèrent ce compromis comme une défaite du président Clinton, destinée à apaiser une minorité active de l'aile droite du parti Républicain, opposée à la liberté de choix.

La Cour Suprême

À partir de 1980, un certain nombre d'États tentèrent de limiter la portée de la décision *Roe v. Wade* L'État du Missouri, à nouveau, alla très loin dans ce sens et vota, en 1986, une loi qui interdisait tout accès à des hôpitaux et à des fonds publics en cas d'avortement, à moins que la vie de la mère fût en danger. En préambule, il était précisé que la vie de tout être humain commençait dès la conception. Un article de la loi exigeait un test de viabilité pour tout avortement d'un fœtus de vingt semaines ou plus. À supposer que le fœtus fût déclaré viable, l'avortement ne pourrait être autorisé, même si la vie de la mère était menacée.

La constitutionnalité de la loi du Missouri fut débattue dans le cas *Webster v. Reproductive Health Services* en 1989. Ce fut une Cour Suprême particulièrement conservatrice — cinq de ses membres avaient été nommés par les présidents Reagan et Bush — qui décida, par cinq voix contre quatre, que la législation de l'État du Missouri n'affectait en rien la décision prise dans *Roe v. Wade*. Une femme restait libre de se faire avorter durant le premier trimestre de sa grossesse même si elle n'avait pas, pour le faire, accès aux fonds publics. Selon la Cour, l'État du Missouri, en légiférant, avait établi un « jugement de valeur », et accordé plus de prix à la naissance qu'à la liberté d'avortement. La doctrine constitutionnelle n'avait, en d'autres termes, pas vraiment les moyens d'assurer la légalité ou la non-légalité de l'avortement.

L'arrêt de 1973 ne fut pas renversé, mais il se trouva vidé de signification. On laissa aux États la liberté d'en restreindre l'application dans presque tous les cas. Ce que, dès lors, beaucoup ne se privèrent pas de faire : pour avoir droit à l'avortement, les femmes devraient se soumettre à un délai d'attente, les mineures devraient obtenir l'autorisation de l'un de leurs parents, les femmes mariées devraient informer leur mari. Les féministes s'insurgèrent : était-ce là le droit reconnu constitutionnel qui avait prévalu en 1973, le droit intime de toute femme à la liberté de décider par elle-même et pour elle-même ? Le jugement passé dans *Webster* eut une signification qui dépassa les détails de la décision elle-même, et les adversaires des deux camps en furent conscients. C'était la première fois, depuis 16 ans, que le droit à l'avortement était remis en question et le langage de la Cour ne laissait aucun doute : il invitait les législatures des États à limiter la portée de la décision de 1973.

Les juges les plus conservateurs de la Cour Suprême souhaitaient revenir sur la décision prise dans le cas *Roe* de 1973. Ils estimaient que la légalisation ou l'interdiction de l'avortement n'était pas une question à laquelle la Constitution pouvait apporter une réponse. Chaque État, selon eux, devrait pouvoir légiférer sur le sujet comme bon lui semblait. Malgré leurs efforts, malgré le fait que de 1981 à 1992, les Présidents Reagan et Bush firent de l'opposition à l'avortement la condition sine qua non de toute nomination à un poste à la Cour Suprême, la décision de 1973 à ce jour, n'a jamais été annulée.

Rôle décisif autant qu'ambigu, dans cette affaire, que celui de Sandra Day O'Connor. Nommée par le président Reagan, elle se trouvait logiquement du côté des juges les plus conservateurs. Cependant, O'Connor indiqua régulièrement qu'elle ne souhaitait pas annuler la décision de 1973. En même temps, elle était favorable à certaines restrictions : c'est pourquoi elle se rangea au côté de la majorité conservatrice dans le cas *Webster*. En 1992, une loi extrêmement restrictive votée par la Pennsylvanie se trouva mise en cause (cas *Planned Parenthood of Southeastern Pennsylvania v. Casey*) devant une Cour Suprême dominée par les conservateurs après la nomination de deux juges (sur 9 en tout) présumés opposés à l'avortement, David Souter et Clarence Thomas. Les partisans de la légalisation de l'avortement (« *pro-choice* ») pensèrent que c'en était fini de la décision de 1973. Sandra Day O'Connor, cette fois, fit basculer la majorité : tout en reconnaissant comme valable le droit des États à légiférer sur l'avortement, la Cour Suprême refusa de remettre en question le fondement de l'arrêt de 1973, c'est-à-dire la liberté individuelle de la femme, protégée par la Constitution.

La fin des années quatre-vingt-dix manifesta très nettement cette volonté de maintenir la décision de 1973. À plusieurs reprises, en 1999, des Cours d'Appel fédérales déclarèrent non constitutionnelles des lois d'États (Arkansas, Iowa, Nebraska) visant à interdire les avortements tardifs (*partial-birth abortions,* pratiqués pendant le second ou le troisième trimestre de la grossesse). Rédigées de façon ambiguë, ces lois pouvaient être interprétées comme s'appliquant à toutes les formes d'avortement. Le langage des tribunaux fédéraux reprit celui de Sandra Day O'Connor : interdire l'avortement revenait à imposer une « responsabilité excessive » (« *undue burden* ») à des femmes qui ne désiraient pas leur grossesse. Les arrêts de ces Cours d'Appel furent les premiers rendus contre l'interdiction des avortements tardifs ; ils ont eu une certaine influence sur les législatures des autres États, mais non sur le Congrès américain où un projet de loi presque identique à celles de l'Iowa et du Nebraska fut par deux fois voté grâce à la majorité Républicaine. Par deux fois, le Président Clinton y opposa son veto. Dans ce cas, les trois pouvoirs du gouvernement américain — l'exécutif, le législatif, le judiciaire — semblaient tirer dans des directions différentes.

Le sursaut « *Pro-choice* »

La sérénité de la Cour Suprême dans le cas *Webster v. Reproductive Health Services,* en 1989, fut certainement entamée par la massive levée de boucliers, une semaine avant le début des débats, des partisans du maintien de la légalisation de l'avortement. Plus de 300 000 manifestants déferlèrent alors sur Washington, pour une marche de soutien au droit de choisir. Ce fut là une des plus grandes manifestations de l'histoire des États-Unis. Les slogans firent preuve d'une détermination farouche (« nous n'abandonnerons pas », « mon corps n'est pas régi par des lois ») et côtoyaient des symboles plus efficaces encore : cintres brandis pour rappeler la sordide réalité des avortements clandestins, pratiqués avec des moyens précaires et dangereux. Le nombre des manifestants venus à Washington à l'initiative de la Ligue Nationale d'Action pour le Droit à l'Avortement (*National Abortion Rights Action League, NARAL*) dépassa largement les prévisions des groupements féministes.

À la suite de la décision de 1973, les forces « *pro-choice* », prenant le droit à l'avortement pour définitivement acquis, avaient baissé les armes. Mais le cas *Webster* tout à coup leur rappela que rien n'était gagné, au contraire. La marche de Washington, puis les manifestations organisées par NOW (*National Organization for Women)* devant la Cour Suprême et les tribunaux fédéraux dans l'ensemble du pays le jour des débats, eurent donc pour but stratégique d'exercer une pression sur la Cour : il fallait l'empêcher de revenir sur l'arrêt pris dans le cas *Roe v. Wade*, en montrant l'énorme soutien populaire dont bénéficiait le droit à l'avortement légal. Il était grand temps en effet de se soucier de protéger ce droit. Les forces « *pro-choice* » et féministes sentirent pourtant la nécessité de modérer leur discours (Gloria Steinem avait eu la maladresse de comparer un avortement à une simple ablation des amygdales) en prenant davantage en compte la dimension morale du problème.

Jusque-là, les forces conservatrices avaient détenu le monopole du discours moral sur la question. C'était ce qui avait fini, dans ce pays profondément religieux, par renforcer leur influence de façon redoutable.

L'action militante de la base « *pro-life* » : l'exemple d'« *Operation Rescue* »

Les adversaires de la légalisation de l'avortement ne s'avouèrent, quant à eux, jamais vaincus. Au-delà de l'activisme « légal », certains groupes fanatiques de l'extrême-droite religieuse se déchaînèrent et utilisèrent des tactiques d'intimidation, allant jusqu'à l'assassinat, en 1974 en Floride, d'un médecin pratiquant des avortements. Ce qui avait commencé par le harcèlement épisodique des personnels de cliniques dans les années 1970 et au début des années 1980, devint un véritable mouvement d'action directe et souvent violente au cours des années 1980 et 1990. « *Operation Rescue* » (Opération Sauvetage), plus tard rebaptisée « *Christian Defense Coalition* » ou encore « *Operation Save America* », et menée par des hommes

— Keith Tucci et Randall Terry — revendiqua la responsabilité de multiples manifestations musclées, d'incendies volontaires et de poses d'explosifs sur les lieux où se pratiquaient des avortements. On compta ainsi vingt-quatre attentats à l'explosif et vingt et une attaques de centres médicaux entre 1984 et 1986. Plusieurs assassinats de médecins, même s'ils furent perpétrés par des fanatiques isolés, furent malgré tout dictés par ce type d'activisme qui se voulait d'inspiration religieuse.

D'autres groupes, non religieux, mais néanmoins très conservateurs, défendaient aussi l'idée d'une famille traditionnelle où les relations entre les sexes étaient soumises à des rôles clairement définis, celui de la femme étant avant tout un rôle de mère et d'épouse. Selon eux, le droit à l'avortement portait gravement atteinte à cette répartition des rôles et à l'équilibre de la société tout entière. Pour eux aussi, l'avortement était un meurtre, le fœtus étant un être humain possédant un droit à la vie dès la conception. Dès lors aucun compromis n'était possible. Dans les années quatre-vingt-dix, les activistes américains contre l'avortement (« *pro-life* »), encouragés par les succès obtenus à la fin des années quatre-vingt (cas Webster en 1989), redoublèrent de prosélytisme.

Leur souci se portait sur le sort de l'enfant à naître partout dans le monde. Ils exportèrent donc leur savoir-faire à l'étranger, en France où certains extrémistes catholiques leur firent bon accueil, mais surtout en Irlande où ils craignaient de voir se libéraliser la politique, jusque-là très stricte, en matière d'avortement.

Les attaques répétées de centres de planning familial, la diffusion de films-choc, comme *The Silent Scream*, détaillant en gros plans, par exemple, l'avortement d'un fœtus de quatre mois, parvinrent à effrayer des femmes auparavant résolues à l'avortement. Les activistes se procurèrent les adresses personnelles des médecins avorteurs et formèrent des piquets, jour et nuit, à leurs portes, pancartes et invectives accusatrices à l'appui. Le but, en partie atteint, était de les dissuader en leur rendant la vie impossible. Beaucoup de cliniques et d'hôpitaux cédèrent au chantage et découragèrent les patientes en compliquant les formalités.

L'organisation « *Operation Rescue* », plusieurs fois mise en cause devant les tribunaux, invoqua, chaque fois, la liberté d'expression garantie par le premier amendement à la Constitution. Cependant, la Cour Suprême a jusqu'ici refusé de revenir sur les décisions des Cours d'Appel, statuant que les actions terroristes contre les cliniques pratiquant l'avortement ne pouvaient pas s'abriter sous la clause de liberté d'expression du premier amendement.

Dans une société libérale où les médecins ont le choix de pratiquer ou non l'avortement, le harcèlement et les menaces incessantes ont malgré tout fini par peser lourd sur la bonne volonté du corps médical et des femmes souhaitant mettre fin à une grossesse non désirée. Dans les années quatre-vingt-dix, de moins en moins de médecins furent formés à cette opération, pourtant simple dans la plupart des cas, et ceux qui acceptèrent de la pratiquer se firent de plus en plus rares. À la fin des années quatre-vingt-dix, il est devenu impossible d'obtenir un avortement dans plus de 80 % des *counties* des USA. C'est au point que dans les zones rurales non desservies par des cliniques pratiquant l'avortement, l'éloignement, les complications qui surgiraient d'une absence de plusieurs jours loin de leur foyer ou de leur travail, rendent, pour des milliers de femmes, l'avortement, *de facto*, illégal.

Des solutions pour concilier les deux camps sont recherchées, par des intellectuels la plupart du temps. Mais il semble que tout compromis soit impossible, car au-delà de la question de l'avortement légal d'une part, du droit du fœtus à la vie dès sa fécondation d'autre part, le débat de fond porte sur des conceptions opposées du rôle des femmes dans la société, de la notion de « genre », des rôles sexuels, et enfin de la famille.

Selon Kristin Luker[1], le clivage le plus profond se situe entre femmes et porte sur l'importance de la maternité et de la puissance symbolique de la femme-mère, animatrice du foyer. Les femmes qui font des études supérieures, exercent une profession, s'appuient sur la contraception et le droit à l'avortement pour limiter leur vie reproductive, se libèrent des contraintes biologiques et familiales. Leur nouveau statut risque de porter ombrage à celles, d'origine modeste, sans compétence professionnelle, dont le seul pouvoir et l'unique prestige est d'être mères et épouses. Cela creuse davantage

1. *Abortion and the Politics of Motherhood*, chap. 8 : « Motherhood and Morality in America », Berkeley : University of California Press, 1984.

le fossé entre les classes sociales en enlevant à la femme au foyer le peu d'estime dont elle jouit comme mère et complément de son mari.

Selon Susan Faludi[1], l'essentiel du combat contre l'avortement légal est mené par des hommes de la classe moyenne qui ont perdu leur statut de seuls chefs et soutiens de famille lorsque les femmes sont entrées en force sur le marché du travail, revendiquant l'égalité et le droit à la maîtrise de leur maternité. Ils se voient ainsi dépossédés d'un rôle traditionnel qui leur procurait pouvoir et fierté. Ils se sentent réduits à l'impuissance.

Dans les deux cas, les auteures soulignent l'importance de l'origine sociale et de la situation économique des femmes et des familles concernées.

Un espoir incertain : RU 486

Reconnaître aux femmes un droit à une décision d'ordre privé (c'est sur ce droit que s'appuie la décision de 1973 légalisant l'interruption volontaire de grossesse) ne signifie pas que l'avortement reste un problème strictement privé. Il devient, en effet, un acte à caractère public puisqu'il met en œuvre des praticiens et des structures extérieures. Si l'avortement pouvait s'effectuer par voie médicamenteuse, sans intervention extérieure, le droit à sa vie privée constitutionnellement reconnu à la femme, deviendrait alors une réalité. La pilule abortive, RU 486, mise au point en France en 1980, permet l'avortement du fœtus dans les neuf premières semaines de la gestation. Elle fut très vite autorisée en France (1988), en Angleterre, en Chine, ainsi qu'en Hollande et dans les pays scandinaves. C'est un moyen bon marché et relativement sûr dans la mesure où l'avortement ainsi provoqué l'est dans les deux premiers mois de la grossesse. Et surtout, il est censé pouvoir s'utiliser chez soi, sans intervention extérieure autre que l'ordonnance d'un médecin : il fait de l'avortement une décision privée, celle de la femme ou du couple. Ce n'est donc plus une affaire d'État.

Les féministes américaines ont fait campagne pour l'adoption de cette pilule que les groupes « *pro-life* », et la droite religieuse ont

1. *Backlash, The Undeclared War against American Women*, New York : Doubleday, 1991.

immédiatement dénoncée comme « poison mortel » et « pesticide humain ». Les gouvernements Reagan et Bush parvinrent à interdire toute recherche pouvant mener à son autorisation par le ministère de la Santé et à bloquer son introduction aux USA (1989). Ce ne fut qu'en 1996, lorsqu'un Démocrate, Bill Clinton, fut à la présidence, que le ministère de la Santé rouvrit le dossier et envisagea d'en permettre la vente. Cette pilule dont l'effet, très tôt dans la grossesse, est comparable à une fausse couche, permettrait d'éviter le terme d'avortement pour adopter celui de « contragestion » aux connotations bien différentes. RU 486 devait être mise sur le marché en 1997. Ce n'est qu'en septembre 2000, vingt ans après sa mise en vente en Europe, que le ministère de la Santé américain prit la décision d'autoriser la vente de ce produit. Les adversaires du droit à l'avortement enragèrent et envisagèrent une riposte. RU 486 leur rendait la tâche plus difficile en leur enlevant la ressource du harcèlement dans les cliniques puisque dans ce cas, tout se passait entre le médecin et sa patiente, protégée par le secret médical. Les partisans du droit à la vie se mobilisent donc actuellement pour obtenir des législatures des États des lois restrictives ou, du moins, l'inclusion de la pilule, commercialisée sous le nom de Mifeprex, dans les lois existantes qui en limiteraient sérieusement l'accès (autorisation parentale, délais d'utilisation, non-remboursement, interdiction faite aux praticiens payés par l'État de la conseiller, etc.). L'autorisation parentale, par exemple, légalement requise pour tout avortement dans 31 États, comprend désormais « l'avortement médical », nom donné à l'interruption de grossesse par pilule abortive.

Ainsi jamais en Amérique, et malgré une majorité molle qui se déclare en faveur de la liberté de choix, les pouvoirs publics n'ont aussi strictement contrôlé la reproduction, et à travers elle, la liberté des femmes et leur rôle dans la société.

Un XIXe siècle plus tolérant ?

Dans l'Amérique du XIXe siècle, le moment de l'accouchement était toujours terrifiant pour les femmes, car, outre les douleurs que rien ne pouvait alléger, le risque de mourir en couches restait fréquent. La plupart essayaient de limiter les naissances mais lorsqu'elles ne pouvaient éviter les grossesses, le seul recours était l'avortement. Outre les potions ou les infusions de plantes considérées comme abortives et dont les résultats se limitaient souvent à une bonne colique, les méthodes d'avortement proprement dit, étaient précaires. Mais jusqu'en 1840 environ, les femmes qui se faisaient avorter furent rarement l'objet de censure de la part de la communauté si le fœtus n'avait pas encore bougé dans le ventre de la mère (« *before quickening* »). Les avortements, bien que clandestins, étaient donc généralement tolérés en Amérique et non sanctionnés par la loi. Si on gardait le secret, c'est uniquement parce que cela risquait de mettre en lumière des conduites répréhensibles hors mariage. Jamais la question de la destruction du fœtus n'apparut en tant que telle, et personne ne semblait se préoccuper de dénoncer des pratiques visant à stopper un quelconque « processus naturel ». Au contraire, l'intervention se présentait comme restauratrice d'un cycle menstruel normal et les Américains du XVIIIe siècle et du début du XIXe ne faisaient pas vraiment de différence entre les fausses couches ou avortements naturels, et les avortements provoqués. Jusqu'aux années 1840 donc, personne ne songea à établir un lien entre l'avortement et une quelconque régulation des naissances, d'autant plus que les USA avaient, à ce moment-là, un taux de fécondité plus élevé que celui des pays européens.

Les attaques virulentes contre l'avortement après 1840 furent certainement dues au fait que de plus en plus de femmes mariées y avaient recours : c'était devenu un moyen de limiter les naissances et pas seulement celles qui étaient illégitimes. Avec les progrès de la formation médicale et l'utilisation d'instruments chirurgicaux, les médecins — des hommes — étaient de plus en plus nombreux à se charger de l'opération qui devint plus sûre mais plus coûteuse. Ainsi entre 1840 et 1880, l'avortement était encore le moyen le plus répandu de limiter les naissances dans les classes moyennes et aisées, beaucoup moins dans les milieux populaires.

Or, à l'époque où l'Amérique découvrait sa « Destinée Manifeste » impériale, il devint nécessaire de mobiliser toutes les forces vives de la Nation pour favoriser les naissances et peupler l'immense territoire dont les Américains se rendaient maîtres.

D'autre part, cette époque correspond aussi aux premiers pas remarqués d'un mouvement de libération des femmes. Il apparut bien vite que l'avortement pouvait se transformer en une pratique d'émancipation féminine qui échapperait au contrôle des hommes ; elle devint dès lors, aux yeux des plus conservateurs, une manifestation féministe de planning familial encouragée par le mouvement des droits de la femme. Non seulement les militantes du contrôle des naissances mais aussi les avorteuses et les femmes qui se faisaient avorter furent dénoncées comme subversives : les femmes libérées ne pouvaient que se rebeller contre la place qui leur était faite dans la société et préféraient certainement promouvoir leur intérêt personnel plutôt que de se conformer à leur rôle de mères.

Une fois la pratique dénoncée, deux groupes opposés se rejoignirent alors pour condamner l'avortement : les anti-féministes, avec, à leur tête, des médecins patentés, et… les féministes.

La position féministe, exposée par Elizabeth Cady Stanton, faisait porter la responsabilité du grand nombre d'avortements en Amérique à l'égoïsme des hommes, à une libido indifférente au sort dégradant des femmes et non à une quelconque prise de conscience par les femmes d'un désir d'affranchissement de leur condition. Ceci devint la position officielle des féministes après la guerre de Sécession. Certaines d'entre elles s'exprimèrent sur l'avortement en parlant de « meurtre d'enfant », d'« infanticide » à mettre sur le compte du sexe masculin. En réalité, la plupart du temps, l'homme et la femme étaient d'accord pour mettre un terme à une grossesse non désirée, l'avortement étant le plus souvent le seul moyen de limiter la fécondité du couple.

Le nombre des avortements est actuellement en baisse — de 1 600 000 en 1990 à 1 300 000 en 1997 — soit 342 pour 1 000 naissances. Le Planning Familial ne pense pas que l'action musclée des militants du droit à la vie, ni même les lois restrictives soient totalement responsables de cette baisse. Il invoque plutôt l'augmentation de la prise de contraceptifs, y compris de préservatifs, encouragée par la crainte du SIDA et des maladies vénériennes. Le fait que la population américaine vieillit est également à prendre en compte : moins d'adolescentes et de jeunes femmes ont des grossesses non désirées. Le taux d'avortements chez les adolescentes, en particulier, a chuté de façon spectaculaire. La principale raison reste cependant le choix de ces jeunes filles de garder leur bébé, ce qui a fait augmenter non moins spectaculairement le taux des naissances hors mariage. Parmi les femmes qui aujourd'hui élèvent seules leur enfant, près de 44 % n'ont jamais été mariées alors que ce n'était le cas que d'à peine 7 % pour la génération précédente. Il faut noter que les plus démunies n'ont aucun intérêt à se marier : elles perdraient l'aide sociale, si maigre fût-elle, qu'elles perçoivent en tant que mères célibataires. Quant aux pères, ils sont moins nombreux à se sentir obligés de convoler : ainsi les jeunes femmes obligées de se marier parce qu'elles sont enceintes sont également moins nombreuses.

Malgré tout, pour un certain nombre de féministes, l'idée même de choix, en ce qui concerne l'avortement, est devenue une gageure. Elles dénoncent le fait que toutes les femmes n'ont pas ce fameux choix, justement. L'amendement Hyde qui exclut le remboursement de l'avortement est lourd de conséquences. Les pauvres comme les riches doivent payer. Seuls 19 États continuent à rembourser l'avortement. Mais la plupart, parmi les plus peuplés, comme le Michigan, la Pennsylvanie, l'Ohio et le Texas, ne le font pas. On considère que les femmes enceintes hors mariage sont irresponsables et qu'il vaut mieux leur couper les vivres pour les décourager. On les encourage au contraire à prendre un emploi. Ainsi le credo américain de la mère au foyer est réservé à celles qui ont un mari et des ressources. Le devoir de reproduction se voit découragé chez les plus pauvres. Ceci n'est pas sans rappeler l'époque encore récente (les années vingt à soixante) où un certain eugénisme était de mise et où l'on n'hésitait pas à stériliser celles qui étaient considérées comme incapables d'assumer des charges de famille. Actuellement, une association californienne subventionne les opérations de ligature des trompes pour mettre un terme à ces naissances hors mariage, dont l'État doit finalement assumer le coût.

Dans le débat politique, la question de savoir qui a le droit de se reproduire et qui ne l'a pas, reste tabou. Mais pour ce qui concerne les frais de naissances incontrôlées ou l'irresponsabilité des pères, les forces « *pro-choice* » et « *pro-life* » ne sont pas très éloignées. Les féministes n'acceptent pas que des hommes imposent aux femmes une quelconque obligation de maternité ; elles refusent de prendre parti pour ou contre ces femmes qui grèvent le budget de l'État avec des naissances répétées mais mal assumées. De leur côté, les partisans du droit à la vie ne peuvent pas faire autrement que d'approuver ces naissances puisqu'ils rejettent toute possibilité d'avortement, mais ils refusent d'en endosser le coût.

L'espoir provoqué par *Roe v. Wade* est désormais bien érodé depuis que la Cour Suprême a autorisé les États à en limiter la portée. Enfin, les féministes craignent le départ à la retraite de juges libéraux de la Cour Suprême, favorables au maintien de la décision *Roe v. Wade*. L'arrivée de deux conservateurs suffirait à la mettre en péril. Le président George W. Bush a promis à son parti qu'il nommerait des juges hostiles à la liberté de choix.

Chapitre 6

LA DÉPENDANCE ÉCONOMIQUE ET LE TRAVAIL

L'industrialisation, l'urbanisation, les deux guerres mondiales ont petit à petit rendu acceptable l'idée que les femmes, et pas seulement celles des milieux ouvriers, aient un travail salarié hors de leur foyer. Elles n'étaient plus obligées de se marier pour survivre ; l'infamie qui s'attachait au statut de « vieille fille » commença à s'émousser.

Apparue au tournant du siècle, « *The New Woman* », censément libérée, fut régulièrement renvoyée au foyer après chacune de ses percées spectaculaires dans le monde du travail. Mais elle s'apprêtait à renaître, pour de bon cette fois, à la fin des années cinquante. Car si la culture populaire adhérait encore largement au mythe de la femme-mère au foyer, la réalité quant aux femmes au travail changea considérablement après la Seconde Guerre mondiale, de façon irrévocable.

Les femmes ont toujours travaillé. S'il fallait payer une cuisinière, une femme de ménage, une blanchisseuse, une repasseuse, une retoucheuse, une puéricultrice, une garde d'enfants, une infirmière, un chauffeur, une psychothérapeute, une répétitrice particulière, une animatrice, le tout 24 heures sur 24, sept jours sur sept, on pourrait se faire une idée de ce qui est dû à la mère à la maison. C'est pourquoi, en 1970, la féministe Pat Mainardi lança l'idée d'un salaire pour les ménagères (« *wages for housework* »). Pure utopie : qui pourrait payer autant d'heures de labeur ? Après tout, le travail de la ménagère n'était-il pas ce qu'elle devait à l'homme qui l'entretenait grâce au salaire gagné hors de la maison ? C'est ainsi que les femmes au foyer n'ont jamais été considérées comme faisant partie des travailleurs. Aussi, n'étant pas assujetties à l'impôt, elles n'avaient droit ni aux compensations du chômage, ni à la sécurité sociale, ni à une retraite. La femme mariée dépendait entièrement de son mari : elle ne « travaillait pas ».

Entre 1940 et 1960 le nombre de femmes salariées a doublé, passant de 15 à 30 %, et la proportion de femmes mariées et mères de famille avec un emploi a augmenté spectaculairement de 400 %[1]. À partir de 1956, les États-Unis devinrent une société post-industrielle, où le nombre des « cols blancs » était supérieur au nombre des ouvriers. Les emplois dits de service se multiplièrent et les entreprises embauchèrent de plus en plus de femmes comme secrétaires et employées de bureau. Aux jeunes femmes célibataires se joignirent bientôt des femmes mariées et mères de famille. Elles appartenaient à la classe moyenne, avaient fait des études. Un deuxième salaire permit à beaucoup de familles d'accéder à un environnement social plus aisé, voire d'assurer à leurs enfants des études supérieures, toujours très coûteuses aux États-Unis.

À l'époque, le féminisme n'avait pas de véritable représentation politique. Il portait sur la contraception, les gardes d'enfants, l'image de la femme dans la publicité, la notion de genre et l'accès des femmes au sport. Mais le combat féministe ne faisait pas l'objet de débats publics. L'égalité dans l'emploi ? moins encore. Il est donc tout à fait remarquable d'observer comment, en l'espace d'à peine vingt ans, les féministes parvinrent à faire accepter leurs revendications au grand public, et à faire comprendre aux femmes à quel point ce qui leur était personnel était aussi politique. La plupart des articles de la liste des droits (*Bill of Rights*) établie par NOW (*National Organization for Women*) en 1967[2] se concrétisèrent en lois et furent acceptés par le plus grand nombre.

1. Égalité devant l'emploi

Equal Pay?

En 1963 parut *The Presidential Report on American Women*, rapport de la Commission sur le statut des femmes créée par le président Kennedy. Réflexe de guerre froide : pendant que les femmes soviétiques étaient au travail, que l'URSS exploitait leurs talents, les

1. Ruth Rosen, *The World Split Open, How the Modern Women's Movement Changed America*, Penguin Books, 2000, p. 19.
2. *National Organization for Women Bill of Rights* (1967) : voir *supra*, chap. 4.

USA gardaient leurs femmes à la maison, négligeant ainsi un potentiel considérable.

À la suite du rapport de la commission, toujours en 1963, fut voté l'*Equal Pay Act*, à l'initiative du *Women's Bureau* — une branche du ministère du Travail (*U.S Labor Bureau*). Celui-ci était dirigé par Esther Peterson, nommée par Kennedy, et bénéficiait du soutien de certains syndicats, dont *United Auto Workers*. À l'origine, la proposition de loi stipulait que le salaire des femmes serait égal à celui des hommes pour un travail *comparable*. La loi définitive ne fit état que de « salaire égal pour un travail égal ». Les féministes ne se trompèrent pas sur le poids de cette « nuance » : la loi en effet ne modifia guère le statut des femmes salariées, puisqu'une ségrégation sexuelle stricte assurait aux hommes des emplois d'hommes et à la grande majorité des femmes des emplois de femmes. Il n'y eut donc que peu de réajustements nécessaires : les femmes continuèrent à recevoir des salaires de femmes pour leur travail de femmes, qui n'était pas stricto sensu *égal* à celui des hommes.

Malgré tout, l'impact symbolique de cette loi ne fut pas négligeable. Elle forma en effet un maillon indispensable entre la première vague des féministes qui se battirent pour leurs droits politiques et une nouvelle génération militante qui émergea à la fin des années soixante, étendant à tous les domaines des revendications d'égalité.

Les femmes qui furent à l'origine de cette loi et qui surent exploiter le rapport de la commission présidentielle sont restées largement ignorées dans l'histoire du féminisme. Elles appartenaient à toutes les classes sociales. Certaines avaient milité dans la gauche des années trente et quarante, d'autres se réclamaient des syndicats, du mouvement pour les droits civiques, des grandes organisations de défense des droits des femmes (*The League of Women Voters*), d'associations religieuses ou professionnelles et de divers mouvements réformistes (paix, éducation) animés par des femmes engagées. Dorothy Haener, militante syndicale féministe à *United Auto Workers*, par exemple, défendit le droit à un salaire minimum. Addie Wyatt, leader noire à la *United Packinghouse Workers of America* et à la NAACP prôna, entre autres choses, une organisation féminine de lutte pour les droits civiques.

Ces femmes œuvrèrent pour la création, dans chaque État, de commissions comparables à la commission présidentielle sur la condition des femmes. C'est le cas, en particulier, de Kay Clarenbach, professeur de sciences politiques, artisan de la création de ces commissions d'États sur le statut des femmes, présidente de celle du Wisconsin, et oratrice infatigable.

Beaucoup venaient du Midwest, d'États dotés de traditions politiques et syndicales progressistes, plus favorables que les États côtiers à la participation et au leadership féminins. Surnommé « la mafia du Wisconsin » par certains politiciens, leur groupe contribua à transformer le rôle d'enquête des commissions d'États en bases de lobbying politique auprès des différentes législatures.

« *Title VII* »

Avec le passage de la loi sur le salaire égal (*Equal Pay Act*), le rapport de la commission présidentielle sur les femmes américaines, et la parution très remarquée du livre de Betty Friedan, *The Feminine Mystique*, l'année 1963 apparut aux féministes d'alors, particulièrement faste. Pourtant, 1964 allait leur apporter plus encore avec la loi sur les droits civiques (*Civil Rights Act*)[1].

Le vote de cette loi et plus particulièrement du titre VII — interdisant toute discrimination dans l'emploi en raison de la race, de la couleur, de l'appartenance religieuse, de l'origine nationale mais aussi de l'appartenance sexuelle — souleva d'immenses espoirs chez les féministes.

Tout ne fut pas réglé pour autant. La mention « *sex* » du titre VII resta longtemps considérée comme une plaisanterie par les politiques et les chefs d'entreprise. Mais à partir de 1965, de plus en plus de femmes salariées déposèrent des plaintes auprès de la Commission pour l'égalité des chances dans l'emploi, l'EEOC (*Equal Employment Opportunity Commission*), agence fédérale créée après le passage de la loi afin d'enquêter sur les plaintes pour discrimination. Cependant, la commission ignorait systématiquement les griefs des femmes pour ne s'occuper que des cas de discrimination raciale ; le

1. Pour son passage mouvementé et l'inclusion de l'amendement concernant la discrimination sexuelle, voir supra, chap. 4, I, p. 69.

Congrès et le Président étaient débordés par les émeutes raciales dans les grandes villes et par la guerre du Viêt-nam. Une fois de plus les femmes restèrent en rade. De cette frustration et de la négligence des pouvoirs publics naquit l'Organisation Nationale des Femmes (*National Organization for Women*) en 1966.

NOW et l'égalité dans l'emploi

Bien que l'organisation fût, à l'origine, essentiellement composée de militantes issues de la bourgeoisie blanche, NOW se préoccupa très tôt du sort des plus défavorisées.

Dès sa première année d'existence, NOW s'attacha à faire respecter la clause du titre VII concernant les femmes. L'organisation créa un fonds pour assurer les frais de justice et soutint ainsi les ouvrières de Colgate-Palmolive et de la compagnie de téléphone AT&T qui entamèrent des poursuites contre leurs entreprises pour discrimination sexuelle.

Le cas exemplaire de Southern Bell, filiale de AT&T, eut des retombées décisives à l'échelle nationale. À cette époque, AT&T détenait le monopole de la téléphonie et de la télégraphie du pays. L'entreprise employait, comme standardistes, un très grand nombre de femmes. Les salaires étaient bas, les chefs exerçaient un contrôle très strict, mais la sécurité de l'emploi était assurée ; il existait peu de chances de promotion, cependant, si ce n'était chef-standardiste. Pour une tranche d'âge équivalente, et un niveau d'instruction comparable, les hommes employés par AT&T étaient installateurs de lignes. Plus sportif, non sans danger, ce travail « d'hommes » était, surtout, beaucoup mieux payé.

Les cadres de l'entreprise se recrutaient souvent parmi les installateurs, jamais parmi les standardistes. Ce fut sur ce point que les employées attaquèrent. La défense de Southern Bell fut faible. D'une part, les clients préféraient des voix féminines au standard, d'autre part le travail d'installateur, très physique (grimper, par tous les temps, sur des poteaux télégraphiques), n'était, à l'évidence, pas fait pour des femmes. Mais il se trouva des femmes pour briguer des emplois d'installateurs : ce fut le cas de Loreen Weeks. Elle poursuivit Southern Bell en justice et son avocate fonda sa défense sur le titre VII de la loi de 1964. NOW paya les frais de justice d'un procès long et difficultueux. La défense mit évidemment en avant le fait que le salaire d'une standardiste et celui d'un installateur étaient très différents, mais aussi les possibilités de promotion. La cour déclara enfin que Southern Bell devait prouver que Weeks n'était pas capable d'assurer l'emploi d'installateur. Le procès était gagné. L'affaire dépassa le simple cas de Weeks, et Southern Bell dut se résigner à payer 15 millions de dollars de dédommagements aux employées ayant manifesté les mêmes ambitions et les mêmes compétences que Weeks, ainsi que 23 millions de dollars d'augmentation pour ses standardistes. Les autres compagnies d'envergure nationale se le tinrent pour dit : dorénavant, les tribunaux n'accepteraient plus la répartition traditionnelle des emplois, fondée sur le sexe de la personne.

Dès lors, NOW étendit son action à toutes les formes de discrimination au détriment des femmes :

- En 1966 l'organisation envoya une pétition à l'EEOC pour mettre fin à la ségrégation sexuelle dans les petites annonces d'offres d'emplois. L'EEOC tergiversa et ce ne fut qu'en 1968, après une manifestation des militantes New Yorkaises de NOW devant le *New York Times* qui n'avait pris aucune mesure contre cette inégalité, que la commission décida finalement d'interdire les petites annonces discriminantes. Cette mesure permit à beaucoup de femmes aux emplois précaires (« *pink-collars* ») de briguer des postes (« *blue collars* ») dans l'industrie, mieux payés et mieux protégés que ceux du secteur tertiaire.
- En 1967, NOW soutint la création de centres de gardes d'enfants subventionnés par l'État fédéral pour venir en aide aux femmes qui travaillaient. NOW demanda aussi une déduction d'impôts complète des frais de garde. En 1968, l'administration des impôts sur le revenu concéda aux veuves, divorcées ou femmes célibataires âgées de plus de trente-cinq ans, le droit de se déclarer chefs de famille et de bénéficier des réductions attachées à ce statut. Mais en 1971, le président Nixon mit son veto à la « *Comprehensive Child Development Bill* », votée par les deux chambres du Congrès et qui aurait assuré 2 milliards de dollars pour les gardes d'enfants.

- NOW prit aussi la défense des hôtesses de l'air qui se voyaient congédiées lorsqu'elles se mariaient ou atteignaient l'âge fatidique de trente-deux ans. Ainsi les compagnies aériennes pouvaient licencier sans scrupules des centaines d'hôtesses sans avoir à les augmenter, sans leur assurer une sécurité sociale quelconque ni même une retraite. Betty Friedan fit remarquer que la discrimination sexuelle était décidément payante pour la grosse entreprise.

Le travail des femmes ne fut jamais pris au sérieux par le grand public qui, en dépit de toutes les statistiques, voulait croire au mythe de la femme au foyer. Les employeurs, eux, exploitaient ce mythe, considérant toute embauche féminine comme temporaire (avant et après les maternités), afin de continuer à bloquer salaires, formations et promotions. Les employeurs étaient donc à la fois très en demande de travail féminin (moins cher) et, pour une bonne part, responsables du maintien du statut inférieur des femmes.

2. Différences dans l'égalité

La féminisation de la pauvreté

Parmi les femmes qui travaillent, beaucoup ont des difficultés à concilier carrière et vie de famille mais plus nombreuses encore sont celles qui se demandent comment boucler les fins de mois. Les mères célibataires sont les plus touchées et la pauvreté n'a cessé de se féminiser d'autant plus que l'inégalité des salaires entre hommes et femmes ne se résorbe pas. Certes, par rapport au début des années 1990, le nombre des foyers monoparentaux dont la mère est chef de famille et qui se trouvent en difficulté, a diminué. Mais il reste des États, dans le Sud en particulier, surtout dans les zones rurales, où le niveau de vie a continué de baisser pour ces catégories de population. Cela n'empêche pas le Congrès de réactiver, en 2002, la loi de 1996 sur « l'assistance » aux défavorisés, à savoir, privilégier, pour les mères célibataires en particulier, l'insertion dans le monde du travail par rapport à l'aide sociale. NOW s'élève contre cette mesure qui exige des semaines de quarante heures sans compensation pour les gardes d'enfants alors qu'en même temps des centaines de millions de dollars sont allouées à des projets d'éducation sur l'abstinence sexuelle ou l'encouragement au mariage des jeunes.

Il revint encore aux féministes d'avoir, dès le début des années 1980, analysé la répartition de la pauvreté selon que l'on était homme ou femme. Là encore apparaissait le motif insistant de la discrimination sexuelle. Celle-ci concernait principalement les femmes des minorités raciales, les mères célibataires, les femmes plus âgées abandonnées par leur conjoint, les veuves. Les mères célibataires noires ou hispaniques étaient les plus touchées, accusant des taux de pauvreté parfois de 50 % plus élevés que les Blanches pauvres. Ces études firent pleinement apparaître ce que coûtaient les enfants dans une société industrielle largement urbanisée où ni le gouvernement, ni les employeurs, ne participaient aux frais de leur éducation. Moins de 20 % des pères d'enfants nés en dehors du mariage reconnaissaient officiellement leur progéniture, et dans tous les cas les pensions alimentaires laissaient à désirer. Ainsi les mères célibataires se trouvaient devant un choix impossible : ou bien travailler pour de très bas salaires, encore réduits par les dépenses de garde d'enfants, ou rester à la maison et attendre l'aide des pouvoirs publics, aide famélique qui les maintenait dans la pauvreté. La féminisation de la pauvreté était ainsi le produit des dépenses pour élever les enfants, des bas salaires et de la ségrégation des emplois sur une base sexuelle. Les allocations d'aide aux familles pauvres avec enfants (*Aid to Families with Dependent Children*) se situaient en dessous du seuil de pauvreté dans tous les États, et dans quarante-et-un d'entre eux à moins de 75 % du niveau « officiel » de pauvreté, en dépit du maigre réconfort des coupons de nourriture (« *food stamps* »). Les femmes âgées n'étaient pas mieux loties, les pensions de retraite après une vie de maigres gains, à la suite d'abandons ou de divorces, offrant des revenus insuffisants. Ni l'*Equal Pay Act*, ni le Titre VII de la loi de 1964 ne prenaient ces cas en considération et ce sont les féministes qui attirèrent l'attention des pouvoirs publics sur eux.

Economic Equity Act

Avec l'aide du *Congressional Caucus for Women's Issues*, le soutien de Dave Durenberger, Sénateur Républicain du Minnesota, et de Geraldine Ferraro, Représentante Démocrate de New York, un certain nombre de projets de lois virent le jour sous le nom de *Economic Equity Act* (EEA). Soutenu par NOW, WEAL (*Women's Equity Action League*), l'association des femmes universitaires et d'autres groupes, l'EEA avait pour but l'aide aux plus démunies (les Noires, les pauvres, et les travailleuses aux plus bas salaires).

Ce projet de loi couvrait les pensions alimentaires, les retraites, les assurances (dont les indemnisations étaient moins élevées pour les femmes au prétexte qu'elles vivaient plus longtemps que les hommes), les responsabilités financières partagées des parents en cas de divorce, et de plus fortes allocations pour les gardes d'enfants.

L'*Economic Equity Act* ne fut pas voté en bloc, mais partagé en différents projets de loi tout au long des années 1980. L'équilibrage des retraites et leur partage en cas de divorce, le paiement obligatoire des pensions alimentaires, le maintien des acquis en cas de congé parental furent adoptés. Les assurances cédèrent sous la pression mais l'égalité des salaires pour une compétence *comparable* n'aboutit pas.

Les féministes du Congrès avec, à leur tête, la Représentante Patricia Shroeder firent voter un projet de loi qui autoriserait les pères autant que les mères, pour l'éducation de leurs enfants, ou en cas de besoin, à prendre un congé parental sans traitement. Il va sans dire qu'une telle législation s'adressait aux familles constituées, et n'affectait que très peu les femmes les plus pauvres, en particulier les Noires. Pour ces dernières, l'obstacle principal restait leur couleur de peau, facteur discriminant qu'elles partageaient avec les hommes noirs dont le taux de chômage se maintenait aux alentours de 45 %. Il était peu probable que des lois favorables aux femmes en général améliorent sensiblement leur condition.

Black sisters

À bien des égards, les femmes noires ont dû inventer leur propre féminisme. La seconde vague féministe des années 60-70 se développa essentiellement parmi les femmes blanches de la classe moyenne. Pour les femmes noires, le poids de l'Histoire, un héritage de servitude et de discrimination, la pauvreté pour la majorité, firent apparaître des problèmes très différents de ceux des femmes blanches.

Depuis la période de l'esclavage, les femmes noires n'avaient jamais eu d'autre choix que de travailler pour subvenir aux besoins de leur famille. Beaucoup d'entre elles rêvaient de passer, non pas moins de temps à la maison, mais davantage. Les emplois pour lesquels elles recevaient à peine de quoi survivre restaient ceux de la domesticité : ménage, cuisine, service, blanchissage. Elles étaient souvent chefs de famille, soit parce que leur mari ne trouvait pas d'emploi, soit parce qu'elles étaient mères célibataires. Mais elles ne retiraient ni pouvoir ni satisfaction de leur rôle de matriarches. L'autorité qu'elles exerçaient au sein de la famille noire était une autorité « par défaut », à la place des hommes qui avaient du mal à trouver emploi et formation.

L'image d'une femme « professionnelle » poursuivant une carrière dans le but de développer pleinement sa personnalité appartenait à un autre monde que le leur. Le livre de Betty Friedan, *The Feminine Mystique*, resta lettre morte pour les femmes noires. Elles avaient toujours dû combiner travail à l'extérieur et travail à la maison. Elles ne se posaient même pas la question d'un choix excluant l'un ou l'autre. Car l'obstacle majeur demeurait le racisme. Dans les circonstances d'une ségrégation raciale de fait, l'activisme féministe, sur le modèle de celui des Blanches, apparaissait comme un facteur de division entre les hommes et les femmes de la communauté noire qui ressentait le besoin de rester soudée pour mieux lutter contre la discrimination raciale. Les femmes noires se voyaient opprimées non pas tant par le mariage et la famille — chevaux de bataille des féministes blanches — que par les réalités économiques et sociales, pauvreté et racisme, qu'elles devaient affronter quotidiennement.

Ce fut, cependant, grâce à leur militantisme dans les organisations de défense des droits civiques et plus encore au sein des mouvements nationalistes noirs que ces femmes allaient prendre la mesure de leur double oppression (« *double jeopardy* ») : l'oppression qu'elles subissaient de la part de la société blanche mais aussi celle qui provenait du machisme de leurs compagnons de lutte. Si elles ont, pendant les années soixante et sous la pression des groupes noirs nationalistes, dénoncé le mouvement féministe comme étranger à leurs véritables préoccupations, elles prirent conscience, dans les années soixante-dix, avec le déclin du mouvement nationaliste noir, du sexisme à l'intérieur de leur propre communauté.

En 1973, des militantes fondèrent la *National Black Feminist Organization* (NBFO). Cette organisation, très active dans les années soixante-dix, allait bientôt être divisée par des scissions dues à de multiples allégeances (lesbiennes, parti des travailleurs socialistes, NOW), à l'instar des autres organisations féministes. Mais une impulsion avait été donnée, et les militantes noires se consacrèrent de plus en plus à la lutte pour les droits de la femme quitte à étendre le combat à d'autres domaines étroitement liés à la vie dans les quartiers noirs : lutte pour le contrôle des armes à feu, pour la sécurité dans les quartiers difficiles, pour une meilleure alimentation, pour les gardes d'enfants, pour des écoles de qualité. Leurs préoccupations étaient d'ordre pratique : elles connaissaient trop les difficultés du quotidien dans les ghettos pour s'embarrasser de considérations théoriques sur les droits des femmes. Elles connaissaient mieux que personne l'amère expérience de l'exploitation économique, les affres des mères qui ne savaient où faire garder leurs enfants, l'humiliation de négliger leurs propres enfants alors qu'elles étaient employées pour prendre soin de ceux des familles blanches.

En militantes infatigables, elles allaient embrasser la cause des femmes opprimées. Quand on leur donna la possibilité de faire des études supérieures, au début du XXe siècle — dans des universités pour Noires uniquement (on notera la double ségrégation, raciale et sexuelle) — les femmes noires purent alors prétendre à des emplois d'enseignement dans des écoles noires.

À mesure qu'elles prirent leur place dans la vie associative et culturelle en accédant à de plus hauts niveaux d'instruction, les

Noires mesurèrent leur très longue invisibilité sociale. Cette prise de conscience s'accompagna d'une véritable renaissance littéraire à partir des années quatre-vingt : Toni Morrison, Audre Lorde, Toni Cade, Alice Walker, Maya Angelou…

Différence et égalité

Dans les années 1980, les féministes tentèrent de donner une nouvelle définition à la formule ambiguë « à travail égal, salaire égal » de la loi de 1963 (*Equal Pay Act*). Elles exigèrent désormais une rétribution égale pour des emplois équivalents (« *of comparable worth* ») aux yeux de l'employeur. Les femmes n'avaient en effet guère progressé, et leurs salaires étaient toujours régulièrement inférieurs à ceux des hommes. La ségrégation sexuelle dans l'emploi était encore la règle, le statut des emplois dits "féminins" restant subalterne.

Entre-temps, vers le milieu des années soixante-dix, les théoriciennes féministes se divisèrent sur le sens à donner au terme d'*égalité* avec les hommes. Pour beaucoup, être *égale* aux hommes signifiait être *semblable* à eux. Il ne s'agissait pas d'imiter une quelconque *virilité*, mais d'acquérir un pouvoir grâce à des compétences reconnues sur une base individuelle. Or, ce pouvoir était encore massivement détenu par les hommes dans les entreprises. Le modèle de la réussite professionnelle restait un monopole masculin et il était toujours aussi difficile pour les femmes de se libérer des stéréotypes liés au genre. Malgré leurs compétences, elles se voyaient toujours barrer l'accès aux échelons supérieurs, et elles ne pouvaient que contempler l'Olympe dont elles étaient séparées comme par un plafond de verre (« *glass-ceiling* »). Ces femmes ne se considéraient pas *essentiellement* différentes des hommes mais seulement désavantagées par des constructions sociales artificielles. Pour elles, la raison d'être du féminisme était, précisément, de viser à corriger un tel déséquilibre sexiste dans la société. Ces féministes qui refusaient de voir une différence autre que de traitement entre les hommes et les femmes furent appelées féministes des droits (« *rights-oriented* ») ou féministes libérales. Elles ne voulaient prendre en compte que l'individu et espéraient ne pas se voir renvoyées au ghetto de leur appartenance sexuelle une fois les inégalités corrigées. Selon leur logique, solidarité identitaire féminine et mouvement féministe n'auraient alors plus de raison d'exister : leur capacité d'autonomie serait enfin reconnue à l'égal de celle des hommes.

Cependant, de plus en plus de féministes se demandaient, avec Betty Friedan, s'il était souhaitable de devenir les égales d'hommes qui n'étaient, en somme, pas vraiment libérés eux-mêmes. En outre, les travaux des psychologues Carol Gilligan, Nancy Chodorow et Mary Field Belensky redécouvraient une *nature* féminine, non à changer, mais à affirmer, à cultiver, à admirer, à célébrer. Pour elles, une égalité fondée sur des critères masculins ne donnait pas une égalité réelle. Elles revendiquaient leur différence. Les féministes radicales les rejoignaient sur ce point. Il fallait que l'intégration professionnelle, le pouvoir, et la réussite des femmes, ne soient pas la servile imitation du modèle masculin.

Les féministes de la « différence » se disent soucieuses de l'intérêt du plus grand nombre, conscientes des différences de classes et de niveau d'instruction, attentives aux désirs de beaucoup de femmes de concilier travail et maternité. Pour elles, une stricte égalité de traitement entre hommes et femmes reviendrait à renoncer au peu de protections légales dont les femmes bénéficient dans l'emploi. Elles ne sont pas éloignées dans leur position des premières opposantes de l'ERA (*Equal Rights Amendment)* des années vingt, inquiètes de voir disparaître des lois offrant aux femmes des conditions de travail moins pénibles. Mais pas très éloignées non plus de Phyllis Schlafly, conservatrice anti-féministe qui a créé le mouvement *StopERA* peu après le vote de l'*Equal Rights Amendment* par le Congrès américain en 1972.

Les divergences entre « féministes libérales » et féministes de la « différence » semblent irréconciliables. Ces clivages sont accentués par des différences de classes, de moyens, d'intérêts.

En 1986, le cas *EEOC v. Sears Roebuck and Company* où une employée se plaignait de discrimination sexuelle, mit dos à dos ces deux conceptions féministes. Pour Sears, Rosalind Rosenberg, professeur, spécialiste de l'histoire des femmes à l'université Barnard (N.Y.), affirma que les femmes préféraient des emplois sans risques ni responsabilités excessives, qui, en tout cas, n'empiétaient pas trop sur leurs responsabilités familiales. Inversement, Alice

Kessler-Harris, directrice des études féminines à l'université Rutgers (New Jersey), plaida pour l'égalité à tout niveau de responsabilité dans l'emploi. La Cour décida en faveur de l'employeur. La « différence » prenait le pas sur l'égalité. Elle allait devenir l'explication et la légitimation de l'inégalité dans l'emploi. En dépit de ces dangers, le féminisme partisan de la « différence » gagna du terrain.

Ce fut encore à la Cour Suprême qu'il revint de trancher, ce que fit en son nom Ruth Bader Ginsburg, deuxième femme de la Cour, nommée par le Président Clinton. Elle emporta l'adhésion de la majorité de ses collègues dans le cas *United States v. Virginia,* en 1996, où était mise en cause la légitimité du recrutement entièrement masculin de l'Institut militaire de Virginie, subventionné par l'État. Elle déclara alors : « *Generalizations about "the way women are", estimates of what is appropriate for most women, no longer justify denying opportunity to women whose talent and capacity place them outside the average description.*[1] »

3. Mesures, controverses, impasses

Un moyen vite contesté : « *Affirmative Action* »

Mises en place dès la fin des années soixante, les « actions affirmatives » visaient, par une discrimination positive, à ouvrir les portes des universités et des professions aux minorités raciales et aux femmes. Elles procédèrent, au départ, d'un décret présidentiel (*Executive Order*) de Lyndon Johnson en 1965, exigeant de toute entreprise dont le gouvernement fédéral était le client, d'assurer des chances égales à tous, quelle que soit leur race, dans les conditions d'emplois. Le décret allait plus loin, recommandant que des mesures supplémentaires soient prises afin de recruter des proportions représentatives de membres des minorités raciales. C'était une mesure compensatoire destinée aux victimes de discriminations passées et actuelles ; elle visait aussi à construire un réel équilibrage de la

1. « Les généralisations sur la "nature féminine", les considérations sur ce qui convient à la plupart des femmes, ne peuvent désormais justifier le refus de promouvoir celles dont le talent et les capacités se situent au-delà de la moyenne ».

société américaine par l'intégration. Les féministes virent là une chance et firent pression sur le président Johnson qui, en 1967, rectifia son décret pour y inclure les femmes victimes de discrimination dans l'emploi.

Ainsi, les chefs d'entreprise furent fortement incités, subventions à l'appui, à réserver un certain nombre de postes aux membres de ces minorités, reléguées depuis toujours dans des emplois subalternes. Des efforts furent entrepris qui permirent effectivement aux Noirs en particulier, mais aussi aux femmes, d'accéder à des professions de haut niveau ou tout simplement à des emplois spécifiques auxquels, jusqu'alors, ils/elles ne pouvaient prétendre à cause de leur race ou de leur sexe. Ce fut un bureau du ministère du Travail, l'*Office of Federal Contract Compliance* (OFCC), qui fut chargé de faire respecter ce décret. Mais comme pour la commission sur l'égalité des chances dans l'emploi (EEOC) responsable de l'application du titre VII, l'OFCC ne se montra pas très empressé pour défendre les femmes. Cette fois encore, on estima qu'il était plus urgent de régler les inégalités raciales.

Ce fut pendant la présidence de Nixon que WEAL (*Women's Equity Action League*) décida de tester la bonne volonté de l'OFCC et attaqua en justice 350 universités et centres de recherche, en s'appuyant sur le décret de Johnson. L'OFCC, cette fois, donna raison à WEAL, constatant qu'en ce qui concernait les politiques d'emploi des établissements d'enseignement supérieur du pays, les femmes étaient nettement désavantagées. Ces universités ne se sentaient pas concernées par les programmes d'action affirmative, leur entière liberté de choix quant à l'emploi étant, selon elles, le garant de leur excellence en matière de recherche. L'OFCC fit valoir que ces établissements étaient soumis aux obligations contractuelles du décret présidentiel puisqu'ils recevaient des subventions de l'État. Cette décision fut historique. Les universités devaient désormais prendre en compte des plans d'« action affirmative » à long terme. Elle permit d'ouvrir, à des femmes et à des membres des minorités, des emplois jusque-là confinés à un réseau très fermé où jouaient à plein connivences et solidarités masculines (« *the old boys'network* »).

L'intention était bonne, mais la réaction ne se fit guère attendre. Avec les années quatre-vingt et Reagan à la présidence, le « *backlash* » (retour de bâton) se fit vite sentir. La vague conservatrice qui envahit le pays obligea les féministes à passer de l'offensive à la défensive.

Cas par cas individuel, des hommes blancs se pourvoyaient en justice, également au nom d'une discrimination raciale ou sexuelle qui leur refusait des emplois au profit de minorités bénéficiant, selon eux, d'une protection particulière. Ils s'appuyaient, pour leur défense, sur le quatorzième amendement de la Constitution qui assure à tout citoyen un traitement égal devant la loi, excluant, par principe, toute préférence, même bien intentionnée. Ils furent généralement soutenus par les syndicats. Ainsi la Cour suprême, en 1978, statua en faveur de Allan Bakke, homme, blanc, deux fois refusé par l'Université de Californie au profit de candidats appartenant à des minorités raciales bénéficiant de quotas préférentiels.

En revanche, dans le cas *Johnson v. Transportation Agency* de 1987, la Cour Suprême décida pour la première fois explicitement que les femmes, au même titre que les autres minorités — raciales ou ethniques — avaient le droit de prétendre à un traitement préférentiel. Diane Joyce, employée à la voirie de Santa Clara en Californie se présentait à un poste de contremaître auquel l'autorisait son expérience de quatre années sur le terrain des chantiers publics. Elle se trouvait en concurrence avec Paul Johnson qui avait travaillé pour la même entreprise pendant 13 ans. Au test d'embauche, Joyce obtint 73 points, Johnson, 75. Joyce fut choisie à cause du programme d'« action affirmative » en faveur des minorités. Johnson réagit en se posant comme victime d'une discrimination inversée (« *reverse discrimination* »). Le cas suivit son cours jusqu'à la cour Suprême des États-Unis qui décida à 6 contre 3 que l'appartenance sexuelle pouvait être prise en compte dans une décision portant sur l'emploi. La décision fut importante dans la mesure où aucune discrimination antérieure n'entrait en jeu, mais simplement un déséquilibre dans une profession où les femmes n'avaient jamais eu l'occasion d'accéder à des postes de responsabilité dans le domaine concerné.

La décision parut satisfaisante aux groupes d'action des droits civiques et aux féministes mais provoqua la fureur du gouvernement Reagan et des conservateurs qui voulaient abolir les programmes d'« action affirmative ». En 1989, au cours de quatre procédures différentes, la Cour Suprême renversa ses propres décisions, favorisant alors la liberté des entrepreneurs de choisir comme bon leur semblait. La Cour se fit plus timide dans ses efforts pour rectifier la discrimination dans l'emploi, même dans les cas d'inégalités passées.

« *Affirmative action* » reste une question controversée au XXIe siècle. NOW estime que les progrès accomplis sont considérables et que plus que jamais les candidatures à un emploi sont jugées en fonction des mérites et compétences des candidats et candidates. Les féministes les plus radicales maintiennent leurs positions en faveur de l'action affirmative.

Un échec : l'*Equal Rights Amendment*

Dès 1967, NOW proposa des changements radicaux avec une nouvelle charte des droits (*Bill of Rights*). Celle-ci incluait un amendement à la Constitution pour des droits égaux (*Equal Rights Amendment*) malgré les réticences des syndicats. Réticences dues au fait que le texte de l'amendement proposé, très court, ne concédait aucune exception à l'égalité des femmes, aucune clause protectrice, aucune reconnaissance particulière d'une quelconque différence : « *Equality of rights under the law shall not be denied or abridged by the United States or by any state on account of sex* ».

Les féministes des années soixante, fortes de leur jeunesse, de leur idéalisme, de leur niveau d'instruction, de leur expérience dans les mouvements protestataires, et des nouvelles chances qui s'offraient à elles, réclamaient une égalité absolue. Elles firent donc campagne pour cette formulation simple, sans ambiguïté, du texte de l'amendement qui ne devait autoriser aucune exception.

Les féministes syndicalistes s'y opposèrent immédiatement. Un tel amendement ne profiterait qu'au patronat. Elles préféraient soutenir les lois protectrices des femmes au travail (réductions d'horaire, allégement des tâches), quitte à les étendre aux hommes. Les féministes pro-ERA arguaient que le patronat s'abritait derrière les lois protectrices pour refuser aux femmes promotion et heures supplémentaires. Pour les femmes qui aspiraient à une carrière professionnelle, l'ERA semblait logique et nécessaire. Betty Friedan considérait que l'amendement constituerait une garantie supérieure aux lois dites « protectrices », en réalité soumises au bon vouloir des législatures des États, et qui offraient, le plus souvent, un moyen commode de refuser aux femmes de bons salaires et des emplois intéressants. L'amendement donnerait enfin aux femmes le statut de « personnes » comme l'entend la Constitution des États-Unis.

Après bien des péripéties et des scissions, le syndicat de l'automobile (*United Auto Workers*), en désaccord avec NOW en 1967 sur le projet d'amendement, revint dans le giron de l'organisation en 1968 pour le soutenir. Peu après, ce fut le tour de l'*American Federation of Labor – Congress of Industrial Organizations* (AFL-CIO), la plus grande centrale syndicale américaine. Tous reconnaissaient enfin le bien-fondé d'une volonté d'égalité totale, les syndicats espérant faire valoir la nécessité de lois protectrices pour les ouvriers des deux sexes.

Votée sans difficulté par les deux chambres du Congrès en 1972, la proposition d'amendement se heurta vite à des oppositions farouches, celle des syndicats au début, puis celle, autrement tenace, des conservateurs. Paradoxalement, le Président Nixon se déclara en faveur de l'amendement : avec la fin de la guerre au Viêt-nam, il avait d'autres chats à fouetter, et, dans ces circonstances, il ne souhaitait pas se mettre à dos un Congrès quasi unanime.

Phyllis Schlafly fut la théoricienne conservatrice qui mena et gagna la bataille contre l'ERA. Son mouvement, « *StopERA* », sut habilement exploiter les peurs des hommes comme des femmes quant aux implications de l'amendement. Car si celui-ci proposait l'égalité absolue, cela engendrait inévitablement des changements de rôles : ainsi les femmes n'auraient plus aucune raison de ne pas faire de service militaire, de ne pas partir au combat, de ne pas commander un bataillon, etc. Or, si Schlafly, carriériste politique elle-même, approuvait le vote des femmes, son « féminisme » s'arrêtait là. Elle restait persuadée que les femmes devaient être traitées différemment des hommes. Les femmes étaient avant tout des mères, leur rôle en tant que telles était grandiose, mais à cause de cela, elles étaient vulnérables et avaient besoin d'une protection particulière. Elle suggérait que l'amendement donnerait lieu à une société « unisexe » qui ne pouvait mener qu'au chaos. Elle comprit la nécessité de s'adresser aux plus modestes pour montrer que la division se faisait, cette fois encore, sur des critères de classes sociales : celles à qui l'amendement profiterait étaient les femmes instruites, les bourgeoises, celles qui en pâtiraient seraient les plus pauvres, les ouvrières...

En parfaite organisatrice, elle sut déplacer l'action de « *StopERA* » d'État en État au fur et à mesure de la campagne de ratification de l'amendement, et convaincre en jouant sur l'anti-féminisme latent de la population que les féministes avaient choisi d'ignorer. Aux yeux de beaucoup de femmes, simples mères au foyer, le féminisme, du fait des changements de rôles qu'il proposait, devint une menace pour leur statut d'épouses et de mères. La peur l'emporta, certains États qui avaient ratifié immédiatement après le vote du Congrès, revinrent sur leur décision et, malgré un délai supplémentaire accordé pour sa ratification, l'ERA fut définitivement enterré en 1982.

« *The Mommy track* »

Après 1950, le nombre de mères d'enfants en bas âge avec un emploi était quatre fois plus élevé qu'avant la guerre. Davantage de femmes avaient suivi une formation professionnelle, le nombre d'enfants par famille baissait, l'âge de la maternité reculait ; les femmes trouvaient leur place sur le marché du travail. La famille américaine se transformait. De plus en plus de mères célibataires n'avaient pas d'autre choix que de travailler, mais aussi des femmes mariées dont le salaire était un apport nécessaire à l'équilibre économique de la famille.

Cependant, la double charge de travail — chez l'employeur, mais aussi à la maison où les rôles sexuels n'avaient guère évolué — limitait les possibilités de carrières professionnelles. Ainsi beaucoup, et particulièrement parmi les mères célibataires, se voyaient contraintes d'accepter des emplois à mi-temps, pour pouvoir s'occuper de leurs enfants, en l'absence de tout soutien de la part de l'État pour les frais de garde. Les gardes d'enfants coûtaient cher, seules

les familles à hauts revenus pouvaient en assumer les frais. Le *Family and Medical Leave Act* de 1993 ne changea pas grand-chose puisqu'il s'agissait d'un congé parental sans solde.

Les femmes qui possédaient les compétences pour accéder à un haut niveau professionnel, devaient choisir entre deux styles de vie bien différents et impossibles à concilier : faire carrière et renoncer à une vie de famille, ou avoir une vie de famille et renoncer à une carrière digne de ce nom. Il va sans dire que les hommes, pour la grande majorité d'entre eux, n'avaient pas à faire ce choix

C'est dans les années quatre-vingt qu'apparut vraiment le problème des femmes à la fois professionnelles et mères de famille. Celles qui avaient bénéficié d'une éducation universitaire plus ouverte commençaient à occuper des postes de responsabilité jusque-là inaccessibles. Elles s'étaient préparées à remettre à plus tard mariage et maternité. Tout en espérant qu'une fois bien établies, elles pourraient prendre un congé et penser à une vie familiale sans incompatibilité avec leur emploi. Mais s'il est possible, pour une secrétaire, d'obtenir un congé parental et éventuellement de le prolonger, parce que son travail n'implique aucune responsabilité qui ne puisse être assumée par un ou une remplaçante, il n'en va pas de même pour la femme d'affaires qui ne peut se permettre de distraire une minute d'un temps réservé aux clients ou aux subordonnés. Quelle est donc la meilleure politique et la moins injuste pour ces femmes qui désirent une vie professionnelle de haut niveau mais ne veulent pas pour autant renoncer à leur vie familiale ?

En janvier 1989, Felice Schwartz, économiste féministe versée dans les milieux d'affaires, publia un article dans la *Harvard Business Review* qui fut à l'origine d'une importante controverse sur ce problème[1]. Elle y suggérait qu'il serait préférable pour certaines femmes d'affaires mères de famille, d'opter pour une voie alternative que les médias, non sans malice, ont baptisé « *The Mommy Track* ». Assumer des responsabilités dans l'entreprise resterait possible en suivant une voie parallèle, différente, comprenant un allégement des charges de travail pour les femmes qui désiraient consacrer un peu de leur temps à leur vie de famille.

1. Felice Schwartz, « Management Women and the New Facts of Life », *Harvard Business Review* 67, n° 1 (janvier-février 1989).

Cette solution se soldait malgré tout par une perte de pouvoir et de privilèges dans l'entreprise. Ainsi une juriste pourrait se libérer pour s'occuper de son enfant malade ou prendre des vacances l'été pour rester en famille, mais en revanche ne pourrait prétendre à un partenariat réel dans le cabinet d'avocats auquel elle appartenait. Une banquière devrait renoncer aux « gros » clients, etc.

« *The Mommy Track* » divisa immédiatement la communauté féministe. Il semblait à certaines que c'était là une excuse de plus pour ne pas promouvoir les femmes au travail, les forcer à accepter un salaire inférieur et une perte de pouvoir, contre leur gré ou, pire, avec leur assentiment. D'autres voyaient là une façon de combiner et de faciliter travail et maternité. Felice Schwartz était pourtant féministe et s'était penchée sur la question des femmes mères et professionnelles avec un réel souci de justice. Elle pensait, peut-être naïvement, que si les entrepreneurs s'ingéniaient à bien utiliser les talents des femmes, le monde du travail s'en trouverait transformé. Elle prônait la flexibilité.

On peut comprendre qu'elle ait fait l'objet de tant de critiques. Pourquoi n'a-t-elle pas invoqué la nécessité, pour les hommes, de consacrer plus de temps à leur vie de famille ? Elle se heurta à une « conspiration du silence » de la part des jeunes femmes prêtes à endosser les plus hautes responsabilités professionnelles et que n'effleurait pas encore le souci de concilier leur carrière et une vie de famille. Selon elles, « *The Mommy Track* » ne pouvait que renforcer les préjugés des chefs d'entreprises et que rabaisser le statut des femmes. Betty Friedan elle-même qualifia cette solution de « rétro-féminisme ». Un éditorial du *New York Times* s'insurgea aussi contre la proposition. Il y était reproché à Schwartz de faire des enfants un problème uniquement féminin.

Rétrospectivement, Schwartz attribua la violence des réactions à une certaine ambivalence sur le sujet de la « différence » entre les hommes et les femmes, centrale aux préoccupations de la deuxième génération de féministes. Il reste que, selon les sondages, si 83 % des femmes américaines avaient des enfants en 1985, cela ne concernait que 39 % des femmes chefs d'entreprise ou cadres supérieures[1].

1. Sondage Korn/Ferry, cité par Sheila Tobias, *Faces of Feminism*, Boulder : Westview Press, 1997, p. 182.

Schwartz restait persuadée que les employeurs ne pourraient pas faire avancer les choses, tant qu'ils n'accepteraient pas le fait que la maternité, naturelle pour une femme, est un facteur qui ne nuit pas nécessairement à la bonne marche de l'entreprise.

La polémique à propos des idées de Schwartz montre à quel point les féministes étaient divisées sur le sujet du rôle des femmes : doit-on leur accorder un statut spécial en raison de leur être-mères ? Il convient de dire que le problème ne sembla concerner que les femmes d'une partie de la classe moyenne, la plupart n'ayant pas tellement le choix : leur emploi étant nécessaire à leur survie, il leur fallait aussi s'occuper de leurs enfants et aucun employeur n'allait leur faciliter les choses.

Le problème se pose chaque fois que l'on évoque celui de la garde des enfants. Est-ce qu'une mère à la maison doit recevoir de la nation des indemnités de garde d'enfants, ou celles-ci sont-elles réservées seulement aux femmes qui travaillent hors de chez elles ? Certaines considèrent ceci comme un dû, tout comme l'« action affirmative » est censée compenser des inégalités historiques.

« *Political Correctness* »

Le militantisme politique des féministes pour la reconnaissance de l'égalité sociale et économique des femmes s'accompagne d'un effort important d'éducation du grand public concernant des questions qui, avant les années soixante-dix, auraient paru ridicules. Les féministes américaines comprennent que la seule voie pour changer les attitudes et le discours sexistes passe par la persuasion. Au fil des années, les employeurs, les journalistes, les politiques et même les adversaires du « nouveau féminisme » apprirent à ne pas faire de commentaires sur l'apparence physique d'une femme se présentant pour un emploi ou une fonction politique ; à ne pas lui demander systématiquement quelle est sa situation maritale, et aussi à ne pas négliger les programmes d'action féministes.

Il devint assez vite naturel de dire « *chairperson* » ou « *chair* » au lieu de « *chairman* », « *policeperson* » au lieu de « *policeman* », Ms au lieu de Mrs ou Miss. Ces redressements linguistiques menèrent parfois à des dérives humoristiques ou, selon le point de vue, grotesques : les lesbiennes radicales, par exemple, refusaient d'écrire le mot « *woman* » ou « *women* » qui contiennent la syllabe honnie « *man* » et « *men* ». Elles écrivaient « *womon* », « *wimmin* » ou « *womyn* ». Des séminaires sur l'histoire des femmes s'intitulèrent « *Her*story » pour éviter « *His*tory ». Mais une fois passés l'époque critique des années soixante-dix et les excès de correction politique, les multiples formes de remise en cause du sexisme, jusque dans les usages de la langue, ont rendu possible une prise de conscience salutaire : les propos sexistes qui étaient une évidence font désormais l'objet d'une suspicion généralisée. Lorsque le vocabulaire change, les préjugés ne s'effacent pas par miracle. Mais on a trop souvent caricaturé les effets de cette *political correctness* sans voir qu'elle ouvrait la voie à des acquis symboliques irréversibles.

Chapitre 7

LES FEMMES ET LA « CHOSE POLITIQUE »

Our good ladies... have been too wise to wrinkle their foreheads with politics. They are contented to soothe and calm the minds of their husbands returning ruffled from political debate.
Thomas Jefferson

1. Réticences

Bien des hommes avaient craint que le vote des femmes ouvrît grandes les portes d'initiatives aventureuses susceptibles de saper l'ordre économique et social des États-Unis. Aussi furent-ils surpris et soulagés de constater, au lendemain du 19e amendement à la Constitution, que même les plus turbulentes des « suffragettes » ne manifestaient pas l'ambition d'« entrer en politique ».

Carrie Chapman Catt pourtant semblait avoir pris les devants. Six mois avant la ratification de l'amendement, elle proposa le remplacement de la NAWSA par la *League of Women Voters* afin d'aider les vingt millions d'électrices potentielles à exercer correctement leurs nouvelles responsabilités. Ce fut chose faite le 14 février 1920. Lucide, Carrie Chapman Catt affirmait que l'obtention du droit de vote était un premier pas, fort important, mais qu'apprendre à utiliser ce droit serait une tâche bien plus difficile. Selon elle, la ligue devait rester non partisane. La lutte pour le pouvoir n'était pas à l'ordre du jour. L'illettrisme, l'éducation, la diffusion de l'information, les problèmes sociaux, les conséquences néfastes de l'industrialisation, paraissaient beaucoup plus importants. Les hommes, selon Carry Chapman Catt, se seraient donc mépris sur les intentions de celles qui avaient lutté pour obtenir le droit de voter.

Le malentendu était de taille en effet. Mais l'étonnement des hommes, et l'apathie des femmes au lendemain de leur victoire de 1920, tenaient aussi à d'autres facteurs sur lesquels historiens et politologues continuent à gloser. Eleanor Flexner, pour sa part, souligne la lassitude de celles qui sortaient de longues années d'un combat difficile, et leurs divisions[1]. Jamais elles ne présentèrent un front uni et ne votèrent « comme un seul homme ». En outre, l'héritage patriarcal pesait encore très lourd sur le comportement des hommes, comme sur celui des femmes qui avaient intériorisé le discours du « sexe fort ».

Le temps et la force leur manquaient, prisonnières qu'elles étaient toujours de tâches domestiques censées témoigner de leur identité sexuelle. Se mêler de politique gardait un goût de fruit défendu, et les tabous avaient la vie dure. Pudeur, autocensure, réticences de tous ordres maintenaient les femmes à l'écart de la vie politique. Elles avaient généralement peu de goût pour les bassesses et compromissions dont les membres actifs des partis constitués leur donnaient le spectacle, et pour l'impitoyable combat qu'implique toute conquête du pouvoir. On conseillait même parfois aux nouvelles « affranchies » de boycotter les élections afin de ne pas devenir femmes liges de partis politiques dirigés par les hommes, alors que s'imposait avec urgence la réappropriation de soi par le « sujet-femme[2] ».

Les conséquences de telles inhibitions sont nombreuses. L'absence d'habitude de la réflexion politique se fit sentir même parmi les plus avancées. Ainsi, quand, évoquant la lourdeur de la tâche des « suffragettes », Carry Chapman Catt se réjouissait de la disparition du mot « *male* » de la Constitution[3], elle oubliait le texte de la section 2 du 14e amendement où ce mot continue de figurer, associé à « *citizen* » ou à « *inhabitants* ». La sensibilité politique des féministes semble n'avoir pas été à la hauteur de leur sensibilité religieuse : certaines, à commencer par Elizabeth Cady Stanton, ont été soucieuses de traquer le sexisme de la Bible sans s'émouvoir de certains termes de la Constitution curieusement épargnée par les « chiennes de garde » du politiquement correct.

Les droits conquis au fil des ans faisaient théoriquement des femmes des citoyennes à part entière. Elles étaient en fait citoyennes de peu de pouvoir, enfin autorisées à élire, mais peu susceptibles

1. Eleanor Flexner, *op. cit.*, p. 340.
2. Geneviève Fraisse, *op. cit.*, p. 317.
3. Voir Shulamith Firestone, *op. cit.*, p. 25.

d'être élues. En deux siècles d'histoire américaine, de 1776 à 1976, le Sénat des États-Unis accueillit 11 femmes seulement pour 1 715 hommes, et la Chambre des Représentants 87 femmes pour 9 521 hommes[1]. Elles demeuraient « taxées » sans être véritablement « représentées », comme signalé déjà par les Dames de Seneca Falls, dignes héritières de leurs pères révolutionnaires.

La réaction se fit attendre jusqu'à la fin des années soixante et au début des années soixante-dix. Betty Friedan fut à plus d'un titre à l'origine de ce changement de cap[2]. Dès la campagne présidentielle de 1968, malgré le caractère apolitique marqué du mouvement des femmes, elle soutint ouvertement la candidature d'Eugene McCarthy, farouche partisan de l'*Equal Rights Amendment*, et opposant à la guerre du Viêt-nam. Certains membres de NOW critiquèrent sévèrement cette ingérence dans le domaine de la politique au masculin (« *male politics* »). Mais Betty Friedan constata que lors des conventions des deux grands partis, les femmes n'étaient présentes qu'en tant qu'hôtesses en mini-jupes, secrétaires, voire femmes ou petites amies de délégués, que l'on distrayait grâce à des défilés de mode pendant que les hommes entre eux parlaient politique. À Chicago, elle fut impressionnée et émue (son fils était l'un des leurs) par le spectacle des jeunes manifestants contre la guerre du Viêt-nam, souhaitant « faire l'amour et non la guerre. » Grâce à eux, elle prit conscience des liens étroits entre le combat des femmes et celui de ces jeunes gens qui, même mâles, partaient en croisade contre la « mystique masculine ». Dès lors elle clama très haut le droit des femmes à faire entendre leur voix dans les lieux du pouvoir, et donc au Congrès.

C'est ainsi qu'elle joua un rôle clé dans la création du ***National Women's Political Caucus.*** Dans le discours fondateur de cette organisation, le 10 juillet 1971, elle plaida avec éloquence en faveur de la participation effective des femmes à la prise de décisions politiques. Malgré l'opposition des féministes radicales à cette démarche assimilable à leurs yeux à de l'élitisme, à ce qu'elles appelaient « *ego trip* », elle insista sur la nécessité de faire élire des

1. Ginette Castro, *op. cit.*, p. 223.
2. Voir Betty Friedan, *It Changed My Life*, p. 208-32, puis 407-09 pour le *National Women's Political Caucus*.

femmes aux postes de responsabilités. Elle souhaita même que les femmes se laissent gagner par la « passion politique » dont parlait John Kennedy. Elle se fit volontiers menaçante, prévoyant le pire si ce tournant n'était pas rapidement amorcé : « *The women's liberation movement has crested now. If it doesn't become* **political**, *it will peter out, turn against itself and become nothing*[1] ».

Le sentiment d'être persécutée par les médias, ainsi que par certaines de ses « sœurs », dont Bella Abzug et Gloria Steinem avec lesquelles elle eut des relations houleuses, persuada très vite Betty Friedan de se tenir en dehors de la mêlée. Néanmoins le *National Women's Political Caucus* allait perdurer, et le message de la grande prêtresse du féminisme américain porta ses fruits.

2. Action

L'énoncé des objectifs de NOW, en 1966, avait fait de son indépendance vis-à-vis de tout parti politique un impératif absolu. Mais il invitait aussi les femmes à demander leur juste place, à tous les niveaux, dans les instances politiques officielles ou officieuses : « *they must demand representation according to their numbers in the regularly constituted party committees —at local, state, and national levels— and in the informal power structure, participating fully in the selection of candidates and political decision-making, and running for office themselves.*[2] » Tout en partageant les options de la *League of Women Voters*, NOW définissait une stratégie politique offensive : les marges du pouvoir ne lui suffisaient plus.

Mais c'est surtout la campagne de ratification de l'ERA qui offrit à NOW l'occasion d'un véritable activisme politique. Sa résistance active aux forces bien organisées qui s'opposaient à l'amendement, lui permit de réveiller les esprits[3]. Malgré l'échec final, NOW avait désormais administré la preuve de sa volonté et de son influence politiques. Le combat allait continuer, à grand renfort de manifestations, de marches de protestation, conformément à la volonté d'Eleanor Smeal (ancienne présidente de NOW) qui, à la Convention

1. Je souligne.
2. « Statement of Purpose » dans Betty Friedan, « *It Changed My Life* », p. 114.
3. Voir *supra*, chapitre 4, 3.

Nationale de 1985, plaça tous ses espoirs dans une nécessaire « féminisation du pouvoir ».

La création de Comités d'Action Politique (***NOW/PACs : Political Action Committees***) en 1977 constitue sans doute la preuve la plus visible, et l'arme la plus efficace de l'engagement politique de NOW[1]. Ces comités visent à accroître le rôle des femmes en politique en favorisant leur élection et celle de candidats favorables à la cause féministe, grâce à un soutien logistique et financier. Leur activité s'exerce à tous les niveaux du système politique américain, à commencer par l'échelon local grâce aux 550 chapitres que compte NOW à l'heure actuelle. L'action en est coordonnée à l'échelon national, et répond à des critères très stricts. Ainsi les candidats doivent prendre clairement parti en faveur :

- de la liberté des femmes de choisir de donner ou de ne pas donner naissance à des enfants ;
- des droits de tous les citoyens quelle que soit leur race ou leur « orientation » sexuelle ;
- d'une politique d'aide sociale susceptible de mettre un terme à la pauvreté des femmes ;
- d'un amendement à la constitution affirmant l'égalité des femmes et des hommes ;
- de mesures de « discrimination positive » (*affirmative action)* garantissant l'égalité des chances pour les femmes et les gens de couleur ;
- d'une lutte contre la violence dont les femmes sont victimes.

Avec beaucoup de rigueur, NOW assure un suivi des candidats victorieux pour s'assurer qu'ils/elles tiennent leurs engagements.

Quelques étapes mémorables ont jalonné le parcours des comités ces dernières années. Citons par exemple, en 1992, le programme intitulé « Élisez des femmes pour changer » (*Elect Women for a Change*) visant, entre autres, à multiplier par deux le nombre de femmes élues au Congrès. Cette année-là, NOW, seule organisation à lui apporter son soutien, joua un rôle déterminant dans l'élection de Carol Moseley-Braun, Démocrate de l'Illinois, première femme

1. Voir le site : http ://nowpacs.org

noire à accéder au poste de Sénateur des États-Unis. L'année 1996 fut marquée par l'édition sur internet d'un guide de l'électeur — unanimement apprécié — pour aider les femmes à faire leur choix. La même année les Comités d'Action Politique apportèrent un soutien actif et efficace à 700 candidats défenseurs des droits des femmes. Dès 1997 ils lancèrent « *Victory 2000 – The Feminization of Politics* », campagne pour l'élection de 2 000 candidats féministes à tous les niveaux d'ici l'an 2000.

En 1985, Ellen Malcolm fonda ***EMILY'S List***, réseau destiné à la collecte de fonds en faveur de femmes Démocrates « *pro-choice* » candidates à la Chambre des Représentants, au Sénat, ou à un poste de gouverneur[1]. Les résultats obtenus incitèrent les femmes du parti Républicain à créer, en 1992, une ***WISH List*** autour d'objectifs analogues[2]. Depuis 1994, *EMILY'S List* lance tous les deux ans son « *Emily's List Women Vote Project* », campagne de mobilisation visant à convaincre les femmes de voter. Cet effort n'est sans doute pas étranger à la réélection de Bill Clinton en 1996, alors que le parti Démocrate avait perdu le contrôle des deux chambres du Congrès en 1994. Mais l'un et l'autre réseaux ne se limitent pas à des opérations strictement électorales. Ainsi les visées éducatives de *EMILY'S List* rejoignent les options de la *Ligue of Women Voters*, tandis que *WISH* souhaiterait voir disparaître du programme Républicain tout ce qui semble constituer une menace à la libéralisation de l'avortement.

En 1987, un petit groupe de femmes conduit par Eleanor Smeal, ancienne présidente de NOW, créa la ***FEMINIST MAJORITY FOUNDATION.*** Le nom de cette nouvelle organisation lui avait été inspiré par les résultats d'un sondage d'opinion Newsweek/Gallup selon lequel 56 % des femmes américaines se définissaient comme féministes. Par féminisme l'organisation entendait, et entend : « *the policy, practice or advocacy of political, economic, and social equality for women* ». Partant donc du constat que les féministes sont la majorité,

1. EMILY = *Early Money Is Like Yeast*. La levure — « *yeast* » — est ce qui doit faire lever la pâte.
2. WISH = *Women In the Senate and House.*

la fondation se donna pour objectifs l'accroissement du pouvoir des femmes par la recherche, l'éducation, et l'action, et une plus grande participation des femmes à la vie politique de leur pays, comme antidote au reaganisme. Dès l'année de sa création, elle organisa une tournée nationale à travers 29 des plus grandes villes du pays, et entama une campagne de recrutement de candidates aux diverses élections. Le 28 mars 1988, au cours de la campagne de « féminisation du pouvoir » lancée à Boston, un nouvel insigne fit irruption, le « *5 % Button* : sur fond framboise se détachait en blanc la mention « 5 % », qui correspondait à la proportion de femmes au Congrès et donnait en spectacle leur sous-représentation dans cette institution. Organisation moins lourde que NOW, et non tourmentée par des dissensions internes, la Fondation enrichit le mouvement féministe d'idées et d'initiatives nouvelles.

Il s'agissait donc désormais de prendre le pouvoir, et à la fin des années quatre-vingt, 685 organisations féministes en avaient fait leur objectif.

3. Femmes et pouvoir

La faible participation des Américains aux diverses élections n'est plus à démontrer. Les femmes représentent plus de la moitié des électeurs potentiels. Néanmoins, elles furent moins nombreuses que les hommes à voter pour les élections présidentielles jusqu'en 1964 où la tendance s'inversa. À l'heure actuelle elles constituent la majorité des votants dans tous les États, et les différentes organisations féministes ont joué dans cette évolution un rôle décisif. Ainsi, au rang de ses priorités pour le XXIe siècle, la *League of Women Voters* annonce une plus grande participation des citoyens américains, notamment des femmes et des minorités[1]. Cette préoccupation va dans le sens de ce que Betty Friedan appelait de tous ses vœux en 1971 et n'hésitait pas à considérer comme la seconde Révolution américaine[2]. Peu à peu, les femmes ont découvert que voter est non seulement un droit mais un pouvoir.

1. http ://www.lwv.org/about/pastfuture/past_history.html
2. Betty Friedan, *It Changed My Life*, p. 220.

Longtemps, les analystes politiques ne se sont guère intéressés au vote des femmes en tant que tel. S'adressant aux responsables de l'Institut Gallup, Betty Friedan apprit, au lendemain de l'élection présidentielle de 1968, que pour la première fois le vote des femmes différait de celui des hommes. Mais ce n'est qu'avec l'élection du Président Reagan en 1980 que le phénomène sembla digne d'attention : 46 % des femmes et 54 % des hommes votèrent pour le nouveau président. Cette différence de 8 % frappa les esprits, à commencer par celui d'Eleanor Smeal alors présidente de NOW. Elle rédigea pour le *NOW Times* de décembre 1980 un article intitulé « *Women Vote Differently than Men... Feminist Bloc emerges in 1980 Elections* ». Elle fut alors la première à souligner, à tenter de définir, et à donner un nom au désormais célèbre « ***gender gap***. »

Depuis, chercheurs et politologues ne cessent de s'interroger sur les causes et les composantes du « fossé » ainsi constaté. On a pu démontrer que la différence en question ne signifiait nullement que les femmes votaient de préférence pour des femmes ; elles ne votaient pas pour une personne, ni pour un parti, mais sur des questions qui leur tenaient à cœur (santé, famille, financement des campagnes électorales, environnement...). La tendance fut confirmée par les élections de 1982 et 1984. À tel point qu'en 1984 Bella Abzug tenta d'analyser le phénomène dans *Gender Gap : Abzug's Guide to Political Power for American Women*[1]. Dans cet ouvrage, elles attribuaient, en partie, les différences de comportement électoral au mouvement féministe qui encourage l'indépendance des femmes. Elle tenta d'identifier les questions qui mobilisent prioritairement leur attention, dont l'environnement. En ce domaine, Abzug allait au début des années 1990 organiser le « *Women's Congress for a Healthy Planet* ». Selon elle, les femmes hésitaient moins que les hommes à réagir car elles n'étaient pas responsables des dégâts : « *clean up the mess* », selon ses propres termes, ne leur posait donc aucun problème.

Dans l'ensemble, les femmes sont plus progressistes (« *liberal* ») que les hommes, mais toute généralisation s'avère risquée. Ainsi les femmes des classes moyennes se soucient de paix, de droits des

1. En collaboration avec Mim Kelber, ouvrage publié à Boston, par Houghton Mifflin Co.

femmes, d'égalité des chances dans l'éducation, alors que les femmes des classes populaires sont plus sensibles à la création de services sociaux, aux problèmes d'emploi, et à une certaine sécurité économique. Si l'on ajoute à cela le fait que même parmi les féministes — de leur propre aveu — il est des sujets de désaccords, on comprendra aisément que, contrairement à ce que suggère le titre de l'article d'Eleanor Smeal, rares sont les points sur lesquels les femmes font bloc : la différence désignée sous le nom de « *gender gap* » est donc la résultante complexe de multiples nuances ajoutées.

Même si les femmes, contrairement à ce qu'on pourrait imaginer, ne sont pas plus influencées que les hommes par la personnalité des candidats, il faut bien admettre que le Président Reagan n'a jamais su employer avec elles les mots qui convenaient, et jamais n'a trouvé en elles de véritables alliées. George Bush allait hériter de ce « désamour », et en 1988 le « *gender gap* » s'aggrava jusqu'à atteindre 14 % pendant une bonne partie de la campagne présidentielle. Il faut lire dans cette évolution autre chose cependant que des réactions épidermiques de femmes qu'on ne sut pas séduire. Leur mécontentement reposait sur les points capitaux que furent l'opposition du parti Républicain à l'*ERA*, à la légalisation de l'avortement, aux programmes de discrimination positive en faveur des femmes, et à l'émergence sous Reagan d'une Nouvelle Droite radicale, hostile, qui semblait prête à organiser une contre-révolution, le retour de bâton (« *backlash* »), la guerre non déclarée contre les femmes analysée par Susan Faludi[1].

1996 fut l'année d'un séisme de première magnitude. Le nombre de femmes participant à l'élection présidentielle dépassa de 7 millions celui des hommes. Elles se montrèrent favorables à 54 % à l'élection de Bill Clinton, qui ne recueillit que 43 % des votes masculins. Les calculs ont montré que si seuls les hommes avaient voté, Bob Dole, candidat Républicain, eût été élu. On a donc pu affirmer que pour la première fois dans l'histoire du pays, les femmes venaient d'élire le Président des États-Unis. Le 13 février 1997, s'adressant aux journalistes, Eleanor Smeal, présidente de la *Feminist Majority Foundation*, affirma que le « fossé » s'était trans-

1. Susan Faludi, *Backlash : The Undeclared War Against American Women*, New York : Doubleday, 1991.

formé en « gouffre[1] ». Renforcé par l'intérêt du Président aux problèmes relatifs à la famille et à la santé, le soutien des femmes aida Clinton même dans les moments les plus délicats. Clairement et publiquement opposées à la destitution du Président au moment de l'affaire Lewinsky, les principales organisations féministes justifièrent leur position en révélant des scandales tout aussi inacceptables chez ses adversaires.

Analyser les effets du « *gender gap* » sur l'élection présidentielle de 2000 tient de la gageure, étant donné les multiples péripéties qui aboutirent à l'élection de George W. Bush finalement arbitrée par la Cour Suprême. On sait néanmoins que 54 % des femmes étaient favorables à Al Gore, candidat Démocrate, contre 42 % des hommes. Ainsi s'expliquent en partie les votes populaires exprimés majoritairement en sa faveur en novembre. Si seules les femmes avaient voté, Gore eût été élu haut la main. La machine politique américaine demeure un frein au pouvoir qu'ont les femmes de peser sur les élections, mais elles constituent désormais **une force politique** avec laquelle il faut compter.

4. Femmes au pouvoir

Les deux dernières décennies ont été marquées par la volonté des femmes de ne plus se contenter d'influencer les détenteurs du pouvoir, mais d'accéder aux lieux où il s'exerce. Patricia Ireland, présidente de NOW jusqu'en juillet 2001, en fit l'une des lignes de force de son mandat. Dès 1991 elle déclarait : « *we will no longer beg for our rights from men in power. We will replace them and take power for ourselves.* » Héritière de discours tenus dans le passé par Carrie Chapman Catt, Betty Friedan ou Eleanor Smeal, elle préconisait pour NOW ce qu'elle appelait « *inside/outside strategy* ». Pour faire changer les choses, les femmes devaient, tout en gardant leurs distances, pénétrer à l'intérieur du système, notamment en faisant élire des candidats ou mieux des candidates féministes, malgré l'âpreté des combats à mener.

1. Sous le titre « From Gender Gap to Gender Gulf : Abortion, Affirmative Action, and the Radical Right ». Le texte peut être consulté sur internet : http ://www.feminist.org/news/pr/prO21297.html

Au Congrès, quelques pionnières ont marqué les esprits. **Jeannette Rankin**, du Montana, fut en 1916 la première femme élue à la Chambre des Représentants. Pacifiste convaincue, elle marchait encore en 1968, à l'âge de 87 ans, à la tête de la « Jeannette Rankin Brigade » pour protester contre la guerre au Viêt-nam. Au Sénat, **Margaret Chase Smith**, première femme à être élue (en 1948) autrement que pour remplacer un mari décédé (« *widow's route* ») fut parmi les premiers opposants à Joseph McCarthy, et la publication de sa *Declaration of Conscience* en 1972 couronna le parcours exemplaire de cette femme politique de grande envergure.

Depuis, les choses ont évolué. En 1992, la campagne lancée par Eleanor Smeal et d'autres pour la féminisation du pouvoir incita 224 femmes à se porter candidates à la Chambre des Représentants, et 11 à se présenter au Sénat. Ces chiffres record portèrent leurs fruits : le nombre de femmes élues au Congrès fédéral fut doublé (de 5 à 10 %), ainsi que le nombre de femmes élues dans les législatures d'États. Le nombre de femmes de couleur élues au Congrès passa de 2 à 6. La Chambre comptait maintenant 47 femmes sur 435 membres, et le Sénat 7 femmes pour 100 membres. Ce résultat, salué comme une victoire importante par les féministes, valut à 1992 d'être baptisée « Année de la Femme ». Dans son enthousisame, Eleanor Smeal prédit l'élection de 50 % de femmes au Congrès en l'an 2000.

On continua de progresser, et en 1997 on comptait 11 % de femmes au Congrès[1]. À la veille des élections de novembre 2000, cette proportion s'élevait à 13 %, avec 9 femmes au Sénat, et 56 à la Chambre. Les élections de 2000 virent ce chiffre augmenter de 33 % pour le Sénat, où les femmes furent alors au nombre de 12, et de 5 % à la Chambre qui comptait 59 femmes dans ses rangs. Néanmoins, même si ces résultats sont supérieurs à ceux que les femmes obtiennent au Royaume-Uni ou en France, on est loin de la situation des pays scandinaves où elles représentent entre 30 et 41 % des membres des législatures, et très loin des résultats escomptés par Eleanor Smeal.

À l'échelle mondiale, les États-Unis occupent, pour ce qui est de la place des femmes dans les assemblées législatives nationales, un

1. Voir l'*Atlas des femmes dans le monde*, Paris : Autrement, 1997, p. 99.

rang extrêmement modeste. Le cas des femmes noires est bien plus spectaculaire encore : ce n'est qu'en 1968 que Shirley Chisholm, de l'État de New York, devint la première femme noire élue à la Chambre des Représentants, et il fallut attendre 1992 pour qu'une autre Noire, Carol Moseley-Braun, Démocrate de l'Illinois, accède au poste de Sénateur des États-Unis grâce au soutien de NOW. Dans un pays qui compte 52 % de femmes et environ 30 % de gens de couleur, le Sénat en 1998 comptait 91 % d'hommes et 98 % de Blancs. De telles statistiques n'échappèrent pas aux féministes qui, par la voix de Patricia Ireland, insistèrent sur la nécessité d'élire un Congrès plus conforme à l'image de la population nationale. À l'issue des élections de 2000 on n'avait guère avancé. Le Sénat, Chambre Haute dotée de pouvoirs fort importants, reste un bastion où la voix des femmes a du mal à se faire entendre. C'est dans ce contexte qu'avait été approuvée, par 52 voix contre 48, la nomination de Clarence Thomas comme juge à la Cour Suprême en 1991, malgré les plaintes d'Anita Hill pour harcèlement sexuel. Eleanor Smeal avait alors déclaré, amère : « *The Senate did more in one week to underscore the critical need for more women in the Senate than feminists have been able to do in 25 years.* »

Loin encore de « faire la loi », les femmes américaines ont néanmoins de nos jours davantage voix au chapitre. Sur les bancs du Congrès, même minoritaires, elles illustrent la célèbre remarque de **Bella Abzug** : « *a woman's place is in the House... the House of Representatives* ». Élue pour la première fois à la Chambre des Représentants en 1970, cette Démocrate de l'État de New York, y siégea pendant trois mandats consécutifs. Figure emblématique, elle joua un rôle plus mémorable encore que son légendaire chapeau à larges bords, et fut à l'origine de nombreuses lois contre la discrimination sexuelle. Haute en couleur, « grande gueule », elle défia allégrement les règles de comportement en vigueur au Congrès. Très vite elle reprocha à ses collègues masculins de représenter une élite privilégiée d'hommes blancs d'âge mûr, plus que les aspirations et les besoins de la plupart des Américains dont ils étaient coupés. Très vite aussi elle brava les codes traditionnels de la féminité en cet avertissement : « *women have been trained to speak softly and carry a lipstick. Those days are over.* » Le Président Jimmy Carter fit appel à elle pour co-présider le « *National Advisory Committee for Women* » en 1978-1979. En 1990 elle contribua à la fondation de la *Women's Environment and Development Organization* (*WEDO*) qui allait être à l'origine du *Contract with the Women of the USA*. Il s'agissait de faire échec au recul des droits des femmes dans les années quatre-vingt, et d'apporter la réplique au très conservateur « *Contract With America* » lancé en 1994 par Newt Gingrich alors Président (« *Speaker* ») de la Chambre des Représentants. Le rayonnement de Bella Abzug dépassa les frontières des États-Unis, à tel point qu'à sa mort, en 1998, Eleanor Smeal salua en elle « *a global warrior for women* ». De son côté, Gloria Steinem osa affirmer que dans un monde plus équitable, Bella serait devenue Président(e) des États-Unis.

Au niveau de l'exécutif, la tâche est plus rude encore. Les « femmes du Président » n'existent qu'à la faveur d'un jeu de mots, et selon toute vraisemblance, pour longtemps encore la Constitution pourra conserver le masculin de son article 2.

À la convention nationale du parti Démocrate en 1935, Eleanor Roosevelt avait demandé que s'ouvre un débat sur le rôle des femmes dans le gouvernement. Grâce en grande partie à son influence, la Présidence de son mari permit quelques spectaculaires avancées. Jamais les femmes n'avaient été aussi nombreuses à des postes de haute responsabilité dans l'entourage du Président[1].

Plus près de nous, l'élection de Bill Clinton s'accompagna en 1992 d'un nombre record de nominations de femmes au gouvernement. Ainsi Janet Reno, première femme ministre de la Justice (*Attorney General*), Donna Shalala, ministre de la Santé, Hazel O'Leary, ministre de l'Énergie, Madeleine Albright, dans un premier temps ambassadeur à l'ONU, Carol Browner, directrice de l'agence pour la protection de l'environnement, et Laura D'Andrea Tyson, présidente du Conseil Economique National, témoignent de cette percée. Parmi elles, deux cas revêtent un intérêt particulier :

- **Janet Reno**, sur la liste des personnes susceptibles d'être nommées au ministère de la Justice, arrivait en fait en troisième

1. Voir *supra*, chapitre 3, 2.

position. Zoe Baird avait dû renoncer après le scandale (« *nannygate* »), qui éclata quand on découvrit qu'elle avait pris à son service des immigrées clandestines pour s'occuper de ses enfants et de sa maison. Kimba Wood, deuxième dans l'ordre de succession, avait dans le passé fait quelques déclarations hostiles au camp « *pro-choice* », et l'on se souvint aussi qu'avant de devenir juge elle avait, sans succès, voulu être engagée comme « *Playboy Bunny* ». Janet Reno, célibataire de cinquante-quatre ans, ne présentait pas les mêmes risques : elle n'était ni mère de famille, ni bombe sexuelle. Quand son nom fit surface, les rumeurs malveillantes portèrent non pas sur ses compétences (indiscutables), mais sur le fait de savoir si elle était hétérosexuelle. Mais elle sut rester au-dessus de la mêlée, et jamais les quolibets ne persuadèrent la première femme ministre de la Justice qu'elle devait renoncer à fumer la pipe.

- **Madeleine Albright** était ambassadeur à l'ONU quand Clinton fit appel à elle comme ministre des Affaires étrangères (*Secretary of State*) au début de son deuxième mandat. Pour la première fois une femme occupait ce poste ministériel prestigieux. Forte nature, elle fit immédiatement savoir qu'elle ne s'en laisserait pas compter par les hommes qu'elle côtoyait : « *I've had it with you guys. Cut the crap and behave yourselves* ». Ils étaient prévenus, et par une femme qui avait l'audace de leur donner des leçons de bonne conduite. Albright s'était lancée en politique après son divorce, et après avoir élevé ses trois filles, suivant pour ainsi dire la voie longue (« *mommy track* »). Elle se montra à la hauteur de la tâche qui lui était confiée, et son exemple suffirait à prouver l'importance de gestes forts de la part d'un Président dont les choix n'avaient pas seulement valeur d'affichage.

On pourrait en revanche s'interroger sur le sens de certaines nominations de George W. Bush dont le Cabinet rassemble un échantillon particulièrement bigarré (arc-en-ciel ?) de représentants de divers horizons ethniques et raciaux. Quatre femmes figurent parmi les proches collaborateurs du Président. Gale A. Norton, *Secretary of the Interior*, est ministre de l'Environnement. Responsable des questions qui touchent au milieu naturel aux États-Unis, elle éprouve surtout de l'hostilité à l'égard des écologistes, souhaite (comme le Président) ouvrir l'*Alaska National Refuge* à l'exploitation pétrolière, et aimerait conférer plus de pouvoir aux États et aux collectivités locales en matière de protection de la nature, ce qui aux États-Unis ouvre souvent la porte à des conduites discutables. Font également partie du Cabinet Bush, Ann M. Veneman, première femme ministre de l'Agriculture, et Elaine Chao ministre du Travail. Cette dernière, immigrante chinoise tout acquise à la notion d'égalité des chances, est clairement opposée au concept d'*affirmative action.* À ces ministres il convient d'ajouter **Condoleeza (Condi) Rice**, première femme noire à occuper le poste de conseiller en matière de sécurité nationale (« *National Security Adviser* »). Individualiste, Républicaine convaincue, élevée pourtant dans le contexte impitoyablement ségrégationniste de Birmingham (Alabama), elle demeure persuadée qu'elle aurait de toute manière réussi sans le combat pour les droits civiques de groupes dont elle conteste l'efficacité. Visiblement peu intéressée par les problèmes qui se présentent aux femmes, elle est très à son aise dans le bastion masculin et plutôt machiste dans lequel elle évolue. Elle est pour Bush d'un grand secours, et se trouva constamment à ses côtés au lendemain des événements du 11 septembre 2001. Certains ont même salué en elle « l'homme fort du gouvernement Bush », tant l'énergie et la force restent dans bien des esprits l'apanage de la gent masculine.

S'agissant de la **Présidence des États-Unis,** l'histoire tissée par quelques femmes courageuses est à vrai dire **une histoire triste**.

Victoria Claflin Woodhull en constitue le premier douloureux épisode. La plupart des Américains ne connaissent pas son nom. Nombre d'historiens l'ignorent, et ceux qui l'évoquent insistent surtout sur les aspects sulfureux de son parcours. Et pourtant elle fut la première femme à se présenter comme candidate à la présidence des États-Unis en 1872. Persuadée que l'indépendance économique des femmes les protégeait plus efficacement que le droit de vote, elle fut la première femme à ouvrir, en compagnie de sa sœur Tennessee Claflin, une banque à Wall Street en 1870, avec l'appui de Cornelius Vanderbilt. Elle annonça ensuite son intention de se présenter à la présidence des États-Unis. Un mois après cette annonce, les sœurs lancèrent le *Woodhull & Claflin Weekly*. D'abord journal de campagne électorale, l'hebdomadaire devint progressivement une tribune politique. Six années durant, il dénonça diverses sortes de scandales et de corruption, et aborda sans détour les questions relatives aux femmes.

Victoria affirmait que les femmes bénéficiaient des droits accordés à « toutes personnes » par les 14e et 15e amendements à la Constitution. En vertu de cette analyse, les deux sœurs essayèrent de voter en 1871, mais furent refoulées. Un mois plus tard elles publièrent la première traduction anglaise du *Manifeste du Parti communiste* en Amérique. Cette succession de gestes audacieux, sa défense de l'amour libre, et certains aspects de sa vie privée, valurent à Victoria Woodhull critiques et inimitiés. Ainsi dans son ouvrage *My Wife and I : or, Harry Henderson's History (1871)*, Harriet Beecher Stowe s'en prit indirectement, mais clairement à elle, à travers ces paroles d'un père à sa fille : «*no woman that was not willing to be dragged through every kennel, and slopped into every dirty pail of water, like an old mop, would ever consent to run as a candidate... Would it be any kind of a woman that we should want to see at the head of our government?*[1]» De son côté le caricaturiste Thomas Nast la représenta dans le rôle de « *Mrs. Satan* ». Toujours est-il que le *Women's National Equal Rights Party*, troisième parti en 1872, accorda son investiture à Victoria Woodhull et à son programme très progressiste. Aux critiques succèdent alors des représailles d'une violence inattendue. On s'en prit à sa vie personnelle et à ses biens. Il lui fut bientôt impossible de se loger à Manhattan, et elle dut, avec sa famille, élire domicile et dormir dans les bureaux de son journal. Sa fille dut aller à l'école sous un faux nom. Persécutée par ceux qu'elle avait eu l'audace de dénoncer, la candidate passa la veille de l'élection présidentielle derrière les barreaux d'une prison. La vie de « *Mrs. Satan* » devint un enfer et, avec sa sœur, elle quitta les États-Unis pour l'Angleterre où elle demeura jusqu'à sa mort. Le refus absolu de l'idée même qu'une

1. http ://www.class.csupomona.edu/his/skpuz/hst202/Woodhull/WQart.html. « Seule une femme qui serait prête à se laisser traîner dans un chenil, ou à être trempée, telle une vieille serpillière, dans un seau d'eau sale, accepterait d'être candidate... Est-ce là le genre de femme que nous voudrions voir à la tête de notre gouvernement ? »

femme puisse prétendre à jouer un rôle de premier plan avait atteint un degré paroxystique.

Depuis cet épisode lamentable, quelques autres femmes tentèrent d'être candidates à la Présidence. Ainsi en 1884, puis en 1888, Belva Ann Lockwood, avocate, militante féministe, se présenta sous l'étiquette de l'« *Equal Rights Party* ». En 1964 Margaret Chase Smith reçut les suffrages de plusieurs délégués à la Convention du parti Républicain réunie pour choisir son candidat. En 1972 Flo Kennedy fut candidate au nom du « *Feminist Party* ». La même année Shirley Chisholm brigua sans succès l'investiture du parti Démocrate. Femme de couleur, elle avait contre elle un double handicap, et le soutien du *National Women's Political Caucus* lui fut refusé.

Plus récemment, Elizabeth Hanford Dole avait espéré recevoir l'investiture du parti Républicain pour l'élection présidentielle de l'an 2000. Sa candidature, annoncée en août 1999, n'attira ni ricanements, ni franche hostilité. La consultation organisée dans le cadre du *White House Project*[1] lui permit même de figurer parmi les cinq femmes qui, selon les Américains, avaient l'étoffe d'un Président des États-Unis. Elle jeta pourtant l'éponge dès octobre 1999. Le motif qu'elle invoqua publiquement — le manque d'argent — n'explique pas tout. Pour promouvoir sa candidature, elle avait surtout insisté sur le fait qu'elle était la première femme à oser se présenter (ce qui n'était pas tout à fait juste) : son geste et son élection feraient ainsi date dans l'histoire des États-Unis. Cet argument suscita pour un temps l'intérêt des jeunes femmes qui s'apprêtaient à voter pour la première fois. Mais l'aile la plus conservatrice du parti Républicain se montra réticente, et l'un de ses membres alla jusqu'à déclarer : « *I don't believe a woman ought to be in that particular place of leadership — the Bible teaches us that women shouldn't have that authority over men* ». Ainsi refirent surface des arguments que l'on croyait dépassés. En outre, son personnage de « femme qui ose » n'abusa pas les féministes qui dénoncèrent la vacuité de son programme. Elles rappelèrent les prises de position d'Elizabeth Dole en faveur de lois restrictives à la liberté d'avorter, ainsi que son hostilité à l'ERA. En conséquence, NOW lui refusa catégoriquement son soutien, preuve, s'il en

1. Voir plus loin dans ce chapitre.

était besoin, qu'il ne suffisait pas d'être une femme pour emporter l'adhésion des féministes. La réflexion politique l'emporta sur les réflexes catégoriels.

À ce jour, seule **Geraldine Ferraro** a obtenu l'investiture de l'un des deux grands partis, comme candidate Démocrate à la Vice-Présidence, co-listière de Walter Mondale en 1984. Dès 1983 NOW avait pris la décision de ne pas soutenir Jesse Jackson à cause de ses positions contre la libéralisation de l'avortement, lui préférant Walter Mondale. Pour la première fois NOW/PAC soutenait ouvertement un candidat à la présidence. Peu disert sur la question des femmes et de leurs droits pendant sa campagne, Walter Mondale fit néanmoins preuve d'audace à la Convention nationale du parti Démocrate en proposant Geraldine Ferraro comme candidate à la Vice-Présidence. La campagne de l'automne fut alors minée par des accusations portant sur les relations d'affaires de John Zaccaro, époux de Geraldine Ferraro alors contrainte de produire les feuilles d'imposition du couple. Elle fit l'objet d'un véritable lynchage médiatique particulièrement féroce dans le cas d'une femme. Personne en effet, pour ne citer que cet exemple, n'exigea qu'Elizabeth Dole produisît sa déclaration d'impôts dans les diverses occasions où son époux brigua des postes de haute responsabilité.

Le 10 octobre 2001, l'accession de Nancy Pelosi, Démocrate de Californie, au poste de « *Minority Whip* » à la Chambre des Représentants parut constituer une brèche significative dans le « plafond de verre » auquel les femmes se heurtent au Congrès. Les féministes de NOW, qui l'avaient soutenue, se prennent depuis à espérer que peu à peu les membres du Congrès reconnaîtront les mérites de leurs consœurs. Néanmoins il y a fort à faire. On s'habitue à la rigueur à la présence de femmes en plus grand nombre au Congrès : elles ont le droit de s'y exprimer, et leurs collègues masculins ont toute liberté par leur vote de tenir ou de ne pas tenir compte de leur avis. Il en va tout autrement pour la Présidence des États-Unis, fonction suprême de l'exécutif qui par nature implique obéissance.

Un projet intitulé *White House Project* fut lancé à l'automne 1998. Présidée par Mary C. Wilson, cette opération non partisane, visant à l'éveil de la conscience publique, proposa 20 noms de femmes issues d'horizons divers (monde des affaires, gouvernement, armée, éducation...) ayant administré la preuve de leur aptitude à assumer des responsabilités au plus haut niveau national. Cette campagne baptisée « *Why not a Woman, Inc.* » permit au public américain de 12 États[1] de sélectionner les 5 femmes les plus dignes de devenir présidentes des États-Unis. Le choix se porta sur Hillary Clinton, Elizabeth Dole, Diane Feinstein, Claudia Kennedy, et Christine Todd Whitman.

En février 2000, 16 % de femmes et 17 % d'hommes déclarèrent, lors de divers sondages, qu'elles/ils ne voteraient pas pour une candidate à la Présidence. Même si les chiffres sont relativement encourageants, l'espoir nourri par Mary C. Wilson de voir les candidatures féminines devenir monnaie courante est loin de se concrétiser. On l'a vu, les préjugés sont tenaces, et pour écarter les femmes du pouvoir, on se focalise volontiers sur leur vie privée, voire sexuelle. À tel point que NOW prend la peine de donner des conseils aux candidates, les aidant à mettre au point toute une stratégie pour réagir quand on les accuse d'être lesbiennes ou de « coucher pour arriver ».

Alors qu'une vingtaine de pays au monde ont eu, ou ont, une femme pour présidente, le slogan « *Wonder Woman for President* » qui ornait la couverture de *Ms.* en juillet 1972 reste trente ans plus tard un vœu pieux. De même continuent de résonner dans le désert les paroles optimistes de Betty Friedan en conclusion à son discours d'ouverture du *National Women's Political Caucus* en juillet 1971 : « *It will not be a joke by 1976, the 200th anniversary of our Republic, that a woman might run for President of the United States, for the woman's participation movement, the second American Revolution, will have peacefully achieved government of, by and for the people, who are women as well as men.* »

D'aucuns pensent encore qu'être de peu de raison, encline à se laisser guider par ses sentiments, la femme n'est guère apte à siéger à **la Cour Suprême des États-Unis**. En 1971, alors qu'il devait

1. Californie, Colorado, Floride, Géorgie, Illinois, Iowa, Massachusetts, Michigan, New Hampshire, New York, Ohio, Washington.

pourvoir au remplacement des juges Hugo Black et John Marshall Harlan, le Président Nixon en caressa pourtant curieusement l'idée : « *that would be a hell of a thing if we could do it.* » confia-t-il à John Mitchell, alors ministre de la Justice[1]. Surprenante idée pour un Président qui, héritier des pires préjugés en ce domaine, ne voulait point de femmes à ses côtés, et se réjouissait de n'en compter aucune dans son Cabinet. Il pensait, en en proposant une à la Cour Suprême, glaner 1 ou 2 % de voix supplémentaires à l'élection présidentielle de 1972. Le projet n'aboutit pas, mais l'épisode, peu connu, est lourd d'enseignements sur l'instrumentalisation des femmes par les hommes au pouvoir, à l'instar des Noirs ainsi utilisés depuis longtemps.

Ce que Nixon avait envisagé de faire, Reagan le fit en 1981. Pour remplacer le juge Potter Stewart, il proposa **Sandra Day O'Connor** qui devint la première femme juge à la Cour Suprême. À droite comme à gauche l'opinion n'était guère enthousiaste pourtant. On se méfiait d'elle : ses positions sur l'avortement manquaient de clarté, et elle n'avait guère manifesté d'intérêt pour les questions chères aux femmes. Son parcours est cependant révélateur : diplômée de la Faculté de Droit de Stanford, elle éprouva les pires difficultés à se faire embaucher dans des cabinets d'avocats privés, et dut, parce que femme, se résigner à accepter un poste de secrétaire juridique. Chemin faisant, elle consacra cinq années de sa vie à s'occuper de ses trois fils à plein temps, optant sans le savoir pour la voie longue de la « *mommy-track* ». À la Cour Suprême, bien qu'inclinant plutôt du côté des conservateurs, elle a toujours su se montrer non dogmatique, et sa position « centriste » l'amène à jouer un rôle déterminant dans les cas délicats. Jusqu'ici Eleanor Smeal qui l'avait soutenue au moment où les féministes se montraient réticentes, n'a jamais eu l'occasion de regretter son geste. Fort opportunément, quelque temps avant l'arrivée historique de Sandra Day O'Connor à la Cour, il avait été décidé, de manière quasi prémonitoire, que l'on s'adresserait aux juges selon la formule épicène « Justice » au lieu du « Mr. Justice » employé jusque-là.

---

1. Propos révélés par la publication récente des bandes enregistrées dans le Bureau Ovale, et rapportés par l'*International Herald Tribune* du 28 septembre 2001.

En 1993, Bill Clinton nomma **Ruth Bader Ginsburg** en remplacement de Byron White. À la Faculté de Droit de Harvard, Ruth Ginsburg et les autres étudiantes avaient été confrontées à une hostilité à peine voilée, et même parfois clairement exprimée par le Doyen Erwin Griswold : il n'hésitait pas à leur demander ce qu'éprouvaient des jeunes filles qui occupaient des places normalement réservées aux jeunes gens méritants. Ruth Ginsburg assuma des responsabilités dans tous les établissements où il lui fut donné de travailler, menant tout au long un combat courageux pour les droits des femmes. Ainsi, enseignante à Rutgers, elle lutta dans le New Jersey pour les congés de maternité en faveur des enseignantes. En 1972 elle devint la première femme titulaire de chaire à la Faculté de Droit de Columbia. C'est parce qu'il fut impressionné par son parcours d'éminente juriste au service des droits des femmes et des libertés civiques en général, que Clinton fit appel à elle.

Non sans raison, les féministes se montrèrent attentives au choix des juges fédéraux, et en particulier des juges de la Cour Suprême pendant les années quatre-vingt. Ainsi en 1987 NOW lança son « *Court Watch Project* » pour contrôler la nomination des juges sous Reagan. Sur 43 juges fédéraux, 41 étaient alors des hommes blancs, auxquels s'ajoutaient une femme et un Asiatique. Cette année-là NOW organisa l'opposition (réussie) à la nomination à la Cour Suprême de Robert Bork dont Patricia Ireland traduisit les écrits réactionnaires en langage clair. Selon toute vraisemblance, George W. Bush devra, pendant son mandat, remplacer plusieurs juges de la Cour Suprême dont les sièges risquent de se trouver vacants. La Cour actuelle est divisée sur le problème de l'avortement, et l'arrêt *Roe vs Wade* (1973) ne tient qu'à un fil. C'est pourquoi les groupes opposés au droit à l'avortement (26 recensés) exercent des pressions véhémentes sur le Président et le Sénat. George W. Bush a déjà promis de nommer des juges dont les options seraient semblables à celles d'Antonin Scalia et Clarence Thomas, tous deux farouches opposants au droit à l'avortement. En conséquence, les associations féministes se livrent à un combat de tous les instants, par sites internet interposés, à l'instar de la *Feminist Majority,* avec son site « *www.million4roe.com* », et son slogan « *Tell Washington We Won't Go Back* ». La fondation nourrit le projet d'adresser 5 000 cintres à

George W. Bush, correspondant aux 5 000 femmes qui risquent de mourir dès la première année si l'arrêt *Roe vs. Wade* était renversé. Le Président est placé sous haute surveillance.

5. Le parti pris des femmes

Les réactions des femmes américaines sur une même question peuvent être très diverses, même parmi les féministes. En outre la ligne de partage entre les deux principaux partis politiques américains manque souvent de netteté, et tend à fluctuer, notamment lors des campagnes électorales. Néanmoins on peut affirmer que le parti Républicain s'intéresse plutôt à l'économie et à la défense, tandis que le parti Démocrate accorde plus de place aux questions sociales, à l'éducation et à l'environnement. À tel titre qu'on considère volontiers le premier comme le « parti de papa » (« *daddy party* ») et le deuxième comme le parti de maman (« *mommy party* »).

Les féministes sont donc souvent associé(e)s au parti Démocrate dont le programme affiche des préoccupations qui sont aussi les leurs. Ce n'est pas un hasard si le premier candidat à la présidence qui reçut leur soutien fut le Démocrate Walter Mondale. Ce n'est pas un hasard non plus si, malgré leurs divergences, les féministes dans leur grande majorité s'opposèrent à la destitution de Bill Clinton au plus fort du scandale Lewinsky. En 2000, elles votèrent très majoritairement pour le parti Démocrate.

Les années quatre-vingt avaient exacerbé les clivages, les allégeances et les rejets. Un rapport diligenté par Patricia Schroeder en 1983 notait que le Président Reagan avait nommé 30 % de fonctionnaires de plus que Jimmy Carter, mais que dans le même temps, le nombre de femmes parmi eux avait diminué de 18 %. De son côté, à la conférence nationale de NOW en 1985, Eleanor Smeal, alors présidente de l'organisation, donnait le ton : « I*t's time to put a lot more heat on the right wing and the reactionary policies of the right wing. I intend to raise a little hell* ». Ces propos soulignent le réel danger que représentait le raz de marée conservateur qui avait permis l'élection de Ronald Reagan. Ce danger continue aujourd'hui d'inquiéter les organisations féministes. La plupart d'entre elles, et tout particulièrement la *Feminist Majority*, lancèrent des appels à l'action lors de la campagne pour les législatives de 1998. Il était demandé aux femmes d'écarter du pouvoir les hommes politiques Républicains et de droite qui, tout en réclamant la destitution de Clinton au motif de harcèlement sexuel, continuaient de voter contre les mesures favorables aux femmes et nourrissaient le projet de revenir sur la libéralisation de l'avortement.

La véhémence de leur opposition a resurgi depuis l'élection de George W. Bush. Se trouvent réactivées des méthodes analogues à celles des « *truth squads*[1] » qui dénonçaient les agissements de Ronald Reagan grâce à des prospectus, ou à des rassemblements organisés dès que le Président apparaissait quelque part. La vigilance dont les organisations féministes font preuve à l'heure actuelle ne concerne pas seulement les futures nominations de juges à la Cour Suprême, ou dans des tribunaux inférieurs. Les nouvelles technologies aidant, les principales organisations féministes diffusent des messages de mise en garde contre le Président, et parmi eux « *W. is for Worse* », titre d'un article de Patricia Ireland. Seul le W. marque la différence entre l'actuel président et son père associé aux années de domination Républicaine dont les féministes gardent un mauvais souvenir. En d'autres termes : avec le fils, le pire est à venir. Dans la même veine, la conférence annuelle de NOW, réunie du 29 juin au 1er juillet 2001, souligna la nécessité de faire échec aux initiatives anti-féministes de l'administration Bush, et d'étendre le réseau des groupes locaux nécessaires à ce combat. Digne successeur(e) de Patricia Ireland, Kim Gandy, élue présidente de l'organisation lors de ce congrès, libella ainsi le premier point de son programme : « *Send George Bush to Texas* ». Trois semaines plus tard, la *Feminist Majority* attirait l'attention sur les efforts entrepris par le parti Républicain pour entraîner l'adhésion d'un nombre plus important de femmes. Tirant les leçons du vote des citoyens en novembre 2000, George W. Bush lui-même manifestait un intérêt soudain pour les problèmes chers aux femmes qui, jusque-là, s'inscrivaient plutôt dans la ligne du « *mommy party* ». Dans un article intitulé « *A Republican Sex Change* » en août 2001, l'hebdomadaire britannique *The Economist* se faisait l'écho de cette apparente métamorphose[2].

1. Sorte de comités de vigilance au service de la vérité.
2. *The Economist*, 11-17 août 2001, article signé Lexington, p. 37.

Les féministes savaient en outre que les liens de George W. Bush, qu'elles soupçonnaient depuis longtemps, avec l'*Independent Women's Forum* (*I.W.F.*) avaient été confirmés par le *Washington Post* dans un article en date du 1er mai 2001. Le Président avait en effet promu (ou promis) à de très hautes fonctions des femmes de ce groupe d'extrême-droite, hostile au Titre IX de la loi de 1972 sur l'enseignement supérieur, opposé à la législation contre la violence faite aux femmes, aux programmes de discrimination positive, au mariage des homosexuels… et à toute une série de mesures à coloration féministe. Impossible, donc, de se laisser abuser par des manœuvres aux visées électoralistes d'une telle aveuglante clarté.

Revient alors la lancinante question de savoir s'il faut, ou non, créer un parti féministe différent des partis traditionnels. Elle acquit une vigueur toute particulière au cours de l'année 1991. Les plus radicales parmi les féministes d'alors rêvaient d'un parti exempt de la corruption et de l'hypocrisie perceptibles dans les deux partis traditionnels. La « *NOW Commission for a Responsive Democracy* », se réunit à Washington le 19 janvier et se montra, à une majorité des deux tiers, favorable à la création d'un troisième parti tout acquis à la cause des femmes. Lors de son congrès de juin 1992 N.O.W. apporta son soutien à la proposition de la Commission, et préconisa la création d'un « parti pour le XXIe siècle. » Sans plus tarder se tint à Washington le congrès fondateur du « *21st Century Party* ». 230 membres, représentant 30 États, adoptèrent même une Constitution, un programme, et choisirent Dolores Huerta comme présidente nationale de la nouvelle formation. Eleanor Smeal en fut nommée Secrétaire Nationale, et Paula Craver Trésorière. Mais malgré cette esquisse d'organisation, le projet ne s'est guère inscrit dans les faits.

De telles hésitations reposent sur une bonne dose de réalisme : l'argent fait défaut aux femmes pour mener à leur terme les campagnes dispendieuses qu'impliquent des élections. En outre, elles savent qu'un parti se réclamant des droits des femmes et du féminisme de manière clairement affichée, en dehors des formations traditionnelles, risquerait fort d'aviver les antagonismes et de compromettre ses propres chances en termes de conquête du pouvoir. Les féministes luttent pour l'égalité, non pour la séparation.

Les Dames de Seneca Falls l'avaient bien compris[1]. Pour reprendre les consignes de Patricia Ireland, leur stratégie les situe à l'intérieur et à l'extérieur du système (*inside/outside strategy*). Les femmes savent qu'elles ont besoin des partis en place pour faire avancer leur cause, mais leur éveil spectaculaire à la « chose politique » ne veut pas dire adhésion à la politique politicienne. Se constituer en parti politique séparé les pousserait inévitablement à adopter des comportements qu'elles réprouvent, générateurs d'une contagion à laquelle certaines n'ont pas toujours su résister. C'est ce que Betty Friedan perçut clairement quant à l'évolution du *National Women's Political Caucus* qu'elle contribua pourtant à créer en 1971. Elle analysa avec clairvoyance les risques de dérapage inhérents à certains engagements politiques en ces quelques lignes où, en 1985, elle évoquait ce qui la sépara de Bella Abzug et Gloria Steinem :

« *I had not meant to organize women into yet another passive bloc of votes to be used by* ***female bosses****, and delivered for the purpose of* ***the same old male political machines****. I could organize inexperienced women to fight and break through the tactics of those who had always pushed them around before, but I was helpless, strangely paralyzed, when the women began to be pushed around by other women — when in fact the Political Caucus itself began to be* ***transformed into a machine*** *in which the new independence of women would be manipulated and contained. When I tried to warn others of this or fight against it, I guess the* ***female political bosses*** *had to get rid of me.*[2] »

La même défiance pousse de nos jours bien des féministes américaines à opter pour un engagement politique local, dans le cadre d'objectifs précis, proches des réalités concrètes qui rythment leur vie quotidienne, sans que fléchisse pour autant leur intérêt pour les affaires de ce monde et l'avenir de notre planète.

1. Voir *supra*, chapitre 2, 2.
2. « *It changed my Life* », *postcript*, p. 224. Je souligne.

Conclusion

LA VAGUE TROIS AURA-T-ELLE LIEU ?

Le mot « féminisme », et le concept lui-même — en ses contours à géométrie variable — continuent à susciter passions et analyses contrastées.

Les traditionalistes américains ont su exploiter les formes les plus radicales du mouvement pour brandir la menace d'une destruction de la famille et de la société tout entière. Quelques extrémistes ont pris part à des actions terroristes visant des cliniques où se pratiquaient des avortements. Au lendemain des événements tragiques du 11 septembre 2001, Jerry Falwell et Pat Robertson sont allés jusqu'à attribuer aux féministes une part de responsabilité dans la destruction des Tours Jumelles à New York. Derrière eux se faisait entendre la voix d'une certaine droite américaine, relayée par les médias toujours avides de sensations fortes. Ces mêmes médias avaient en maintes occasions dans le passé, avec délectation, présenté au grand public un tableau sélectif de manifestations de surface hystériques ou ridicules qui tendit à discréditer le mouvement.

Dans les années soixante-dix, comme dans les années quatre-vingt, des conservatrices, prenant modèle sur les féministes, ont créé leurs propres organisations, entièrement féminines, afin d'exalter une féminité que les féministes auraient aliénée. Ainsi HOME (*Happiness of Motherhood Eternal*), WWWW (*Women Who Want to be Women*), AWARE (*American Women Against the Ratification of ERA*) ou FOE (*Females Opposed to Equality*), participèrent à diverses manifestations et mirent sur pied des groupes de pression à Washington. Grâce à elles pouvait perdurer et se renforcer l'idéalisation de la femme-mère, déesse du foyer, dans le contexte propice des années quatre-vingt où les conservateurs tenaient les rênes du pouvoir. Il semblait même que la guerre était ouverte, comme en témoigne l'ouvrage de Susan Faludi, *Backlash*, paru en 1991, analyse impitoyable d'un violent ressentiment à l'égard du féminisme, ressentiment entretenu par l'acharnement médiatique.

Il faut bien avouer que nombre de femmes d'origine modeste, quelle que soit leur couleur ou leur appartenance ethnique, ne se sont guère senties concernées par les conquêtes des féministes. Le mouvement de libération des femmes a souvent opposé, plus que les hommes et les femmes, des idéaux sociaux et culturels différents qui divisaient la nation tout entière, et l'on est aujourd'hui plus sensible à l'inégalité de celles qui pour un temps ont pensé pouvoir croire en une certaine « sororité ». Par ailleurs, pour les plus jeunes générations, le vote, les études supérieures, l'accès au sport de haut niveau, la contraception, le droit à l'avortement, l'égalité dans le monde du travail, les lois contre le harcèlement sexuel, semblent souvent être devenues des évidences qui ôtent au féminisme sa raison d'être. Betty Friedan elle-même, avec la publication en 1981 de *The Second Stage*, paraissait leur donner raison. En recentrant son discours sur la famille, en dénonçant les excès d'une « *feminist mystique* » après avoir fait croisade contre la « *feminine mystique* » de son premier ouvrage, elle semblait se repentir. Ce « deuxième stade » paraissait — à tort — sonner le glas d'une première étape dont les féministes les plus clairvoyantes savaient bien qu'elle n'était pas achevée.

Il n'empêche que l'on annonça çà et là la mort du féminisme, par exemple en 1989 dans les pages de *Time Magazine*. Le 26 juin 1998 le magazine à nouveau s'interrogeait dans un numéro dont la couverture alignait les portraits en noir et blanc, couleurs de deuil, de Susan B. Anthony, Betty Friedan, et Gloria Steinem, et celui, en couleurs d'Ally Mc Beal auquel la question « *Is Feminism Dead ?* » servait de légende. Ce montage illustre le brouillage entre réalité et fiction, la perte de valeurs fondamentales, le confusionnisme qui caractérise la version commerciale du féminisme contemporain, mise en scène par quelques séries télévisées comme « Sex and the City[1] ».

1. Série télévisée américaine à succès, tirée de l'ouvrage de Candace Bushnell. Sur la commercialisation du féminisme, et la version consumériste du féminisme, voir l'article de Susan Faludi, « Don't Get the Wrong Message » paru dans *Newsweek*, January 8, 2001, p. 22.

Dérives, découragement, et réactions hostiles, ne sauraient cependant annihiler les apports du féminisme américain, formidable soulèvement idéologique et culturel. Ses acquis sont indéniables, et la transformation des mentalités est irréversible. Historiquement, dans bien des domaines, les féministes américaines, dès le XIXe siècle, ont montré la voie, et leur message a atteint le monde entier. Aux États-Unis des millions de femmes exercent des professions longtemps réservées aux hommes, et malgré le « plafond de verre » où elles se cognent encore, pour rien au monde elles ne reviendraient en arrière. L'effet cumulatif de trente années de réflexion, de débats, de controverses et d'éducation, a éclairé la notion de « genre », soit une identité sexuelle construite socialement dont la conceptualisation a permis de démontrer salutairement l'inanité du précepte freudien selon lequel « *anatomy is destiny* ».

On pourrait certes déplorer le repli de certaines féministes sur des communautés d'expériences de plus en plus marginales, personnelles, aux intérêts divergents. On pourrait s'interroger sur l'engouement récent pour l'éco-féminisme. Mais ce serait sans doute céder à la tentation de croire que le féminisme est contenu tout entier dans une catégorie uniforme, définie par une orthodoxie nécessairement paralysante. Ce serait céder aux caricatures globalisantes qui fondent tous les intégrismes, alors que le féminisme américain n'a cessé d'évoluer, de se diversifier, de se ramifier, riche de ces multiples aspects, ou multiples visages déclinés par Sheila Tobias dans son ouvrage intitulé *Faces of Feminism.*

Le sentiment que les acquis — aussi remarquables qu'ils soient — peuvent s'avérer fragiles, et qu'il convient, pour éviter les erreurs futures, de se pencher sur le passé, était déjà le message de Betty Friedan en 1963. Dans le même état d'esprit, les militantes de NOW, réunies à Rochester en 1998, célébrèrent le cent-cinquantième anniversaire de la Déclaration de Seneca Falls par une nouvelle « *Declaration of Sentiments* » qui se termine sur leur foi en l'avenir assortie d'une ferme résolution de ne point se laisser faire : « *Today, we dedicate ourselves to the sheer joy of moving forward and fighting back* » La même détermination anime depuis 1996 les jeunes militantes de la *Third Wave Foundation*, incarnation d'un féminisme américain dont les enseignements sont à méditer et dont l'avenir reste à écrire.

BIBLIOGRAPHIE

ANGIER Natalie, *Woman. An Intimate Geography,* New York : Houghton Mifflin, 1999.

BARRET-DUCROCQ Françoise, *Le Mouvement féministe anglais d'hier à aujourd'hui,* Paris : Ellipses, 2000.

BAUMGARTNER Jennifer, and Amy RICHARDS, *Manifesta : Young Women, Feminism, and the Future,* New York : Farrar, Straus and Giroux, 2000.

CASTRO Ginette, *Radioscopie du féminisme américain,* Paris : Presses de la Fondation Nationale des Sciences Politiques, 1984.

COTT Nancy F., *The Grounding of Modern Feminism,* New Haven : Yale University Press, 1987.

ECHOLS Alice, *Daring to Be Bad : Radical Feminism in America, 1967-1975,* Minneapolis : University of Minnesota Press, 1989.

EVANS Sara M., *Born for Liberty : A History of Women in America,* New York : Free Press, 1989.

FALUDI Susan, *Backlash : The Undeclared War Against American Women,* New York : Doubleday, 1991.

FALUDI Susan, *Stiffed, The Betrayal of the American Man,* New York : William Morrow and Co, 1999.

FIRESTONE Shulamith, *The Dialectic of Sex. The Case for Feminist Revolution.* New York : William Morrow and Co, 1970.

FLEXNER Eleanor, *Century of Struggle. The Woman's Rights Movement in the United States,* Cambridge, Mass : Harvard University Press, 1975.

FRAISSE Geneviève, *La Muse de la Raison : Démocratie et exclusion des femmes en France,* Paris : Gallimard, 1995.

FRIEDAN Betty, *The Feminine Mystique,* London : Penguin Books, 1963.

FRIEDAN Betty, *« It Changed My Life » : Writings on the Women's Movement,* New York : Dell Publishing, 1977.

GREER Germaine, *The Whole Woman,* London : Doubleday, 1999.

HARTMANN Susan, *From Margin to Mainstream : American Women and Politics,* New York : A. Knopf, 1989.

HYMOWITZ Carol, and Michaele WEISSMAN, *A History of Women in America : From Founding Mothers to Feminists,* New York : Bantam Books, 1978.

KERBER Linda K. and Jane Sherron DE HART, *Women's America. Refocusing the Past,* New York : Oxford University Press, 1995.

LERNER Gerda, *The Majority Finds its Past,* New York : Oxford University Press, 1979.

MILLET Kate, *Sexual Politics,* New York : Doubleday, 1971.

MORGAN Robin, ed. *Sisterhood is Powerful. An Anthology of Writings from the Women's Liberation Movement,* New York : Random House, 1970.

ROSEN Ruth, *The World Split Open : How the Modern Women's Movement Changed America,* New York : Penguin Books, 2000.

TOBIAS Sheila, *Faces of Feminism : An Activist's Reflections on the Women's Movement,* Boulder : Westview Press, 1997.

WELTER Barbara, *Dimity Convictions : The American Woman in the Nineteenth Century,* Oxford : OUP, 1976.

WOLF Naomi, *The Beauty Myth,* London : Random House, 1990.

WOLLSTONECRAFT Mary, *A Vindication of the Rights of Women,* Oxford : OUP, 1999.

WEBLIOGRAPHIE

Pour en savoir plus sur le féminisme américain, son histoire et son actualité :
www.feminist.org : pour la *Feminist Majority Foundation*
www.MsMagazine.com : pour *Ms. Magazine*
www.lwv.org : pour la *League of Women Voters*
www.now.org : pour *NOW*
www.nwhp.org : pour le *National Women's History Project*
www.thirdwavefoundation.org : pour la *Third Wave Foundation*

INDEX

K

L

M

N

O

P

R

S

T

U

W

Y

Aubin Imprimeur, 86240 Ligugé. — D.L. janvier 2003 — Imp. L 64776